愛知大学綜合郷土研究所ブックレット

⑩

漆器の考古学

出土漆器からみた近世という社会

北野信彦

● 目 次 ●

口絵１　様々な近世出土漆器

①一般的な日常生活什器である近世遺跡出土漆器椀の数々

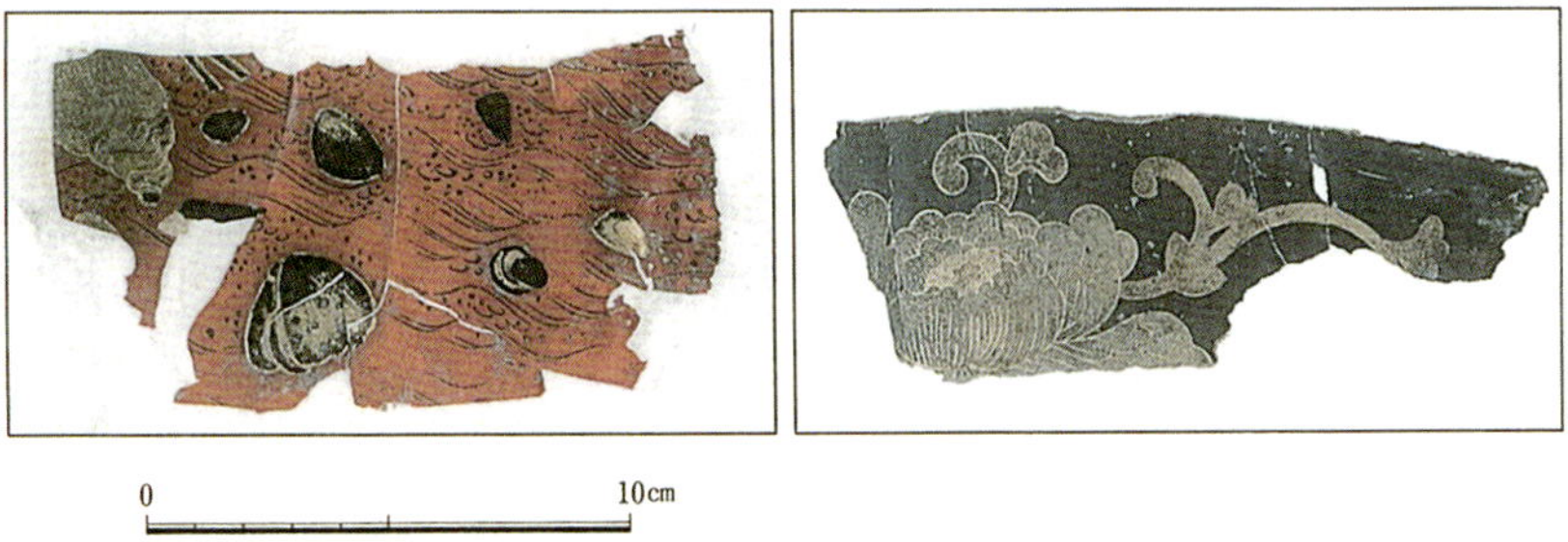

②名古屋城三の丸遺跡出土の蒔絵漆器（愛知県埋蔵文化財センター所蔵）

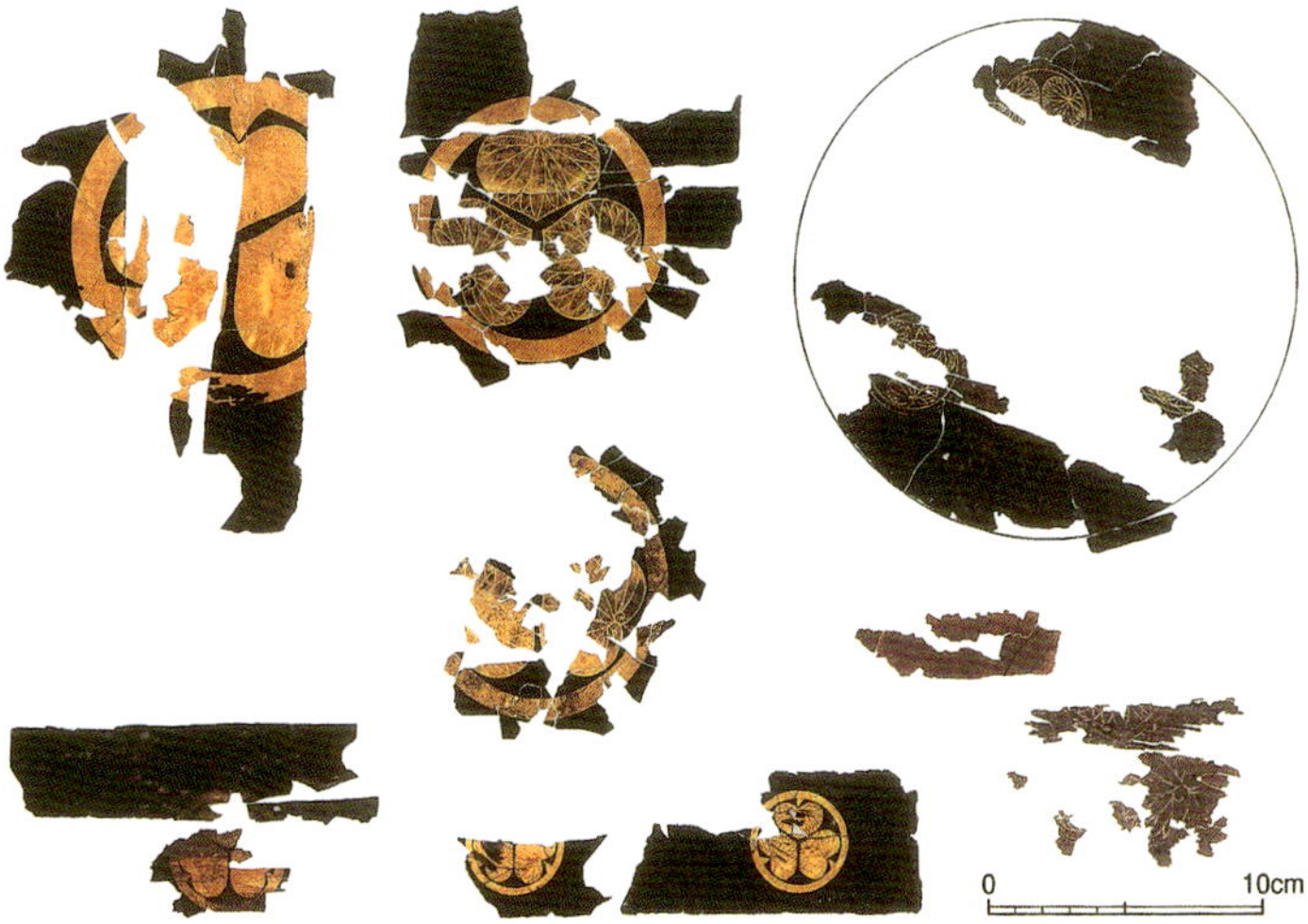

③尾張藩上屋敷(市ヶ谷邸)跡出土の三葉葵御紋付蒔絵漆器（東京都埋蔵文化財センター所蔵）

口絵２　様々な近世出土漆器の塗装技術

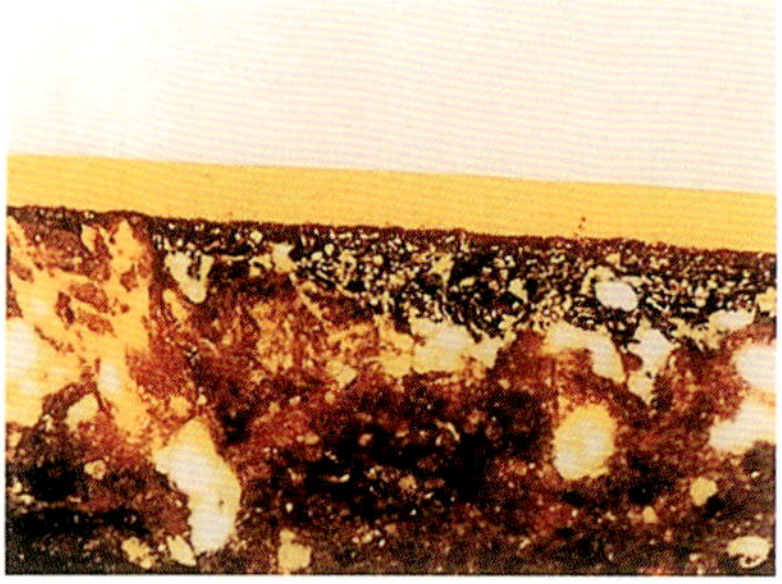

②ベンガラ漆
①炭粉下地

赤色系漆（Ⅰ）（100×）

②赤褐色系漆
①炭粉下地

黒色系漆（Ⅰ）（100×）

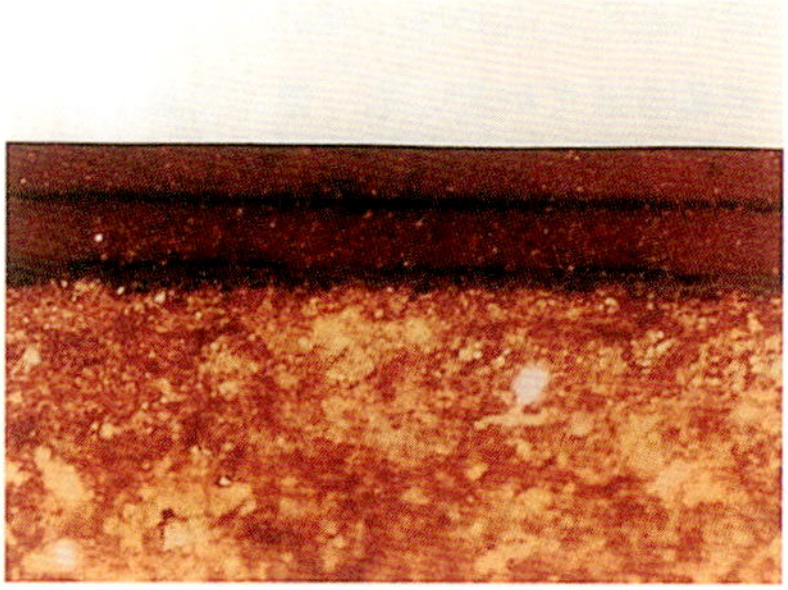

④赤褐色系漆
③赤褐色系漆
②生漆
①サビ下地

黒色系漆（Ⅸ）（100×）

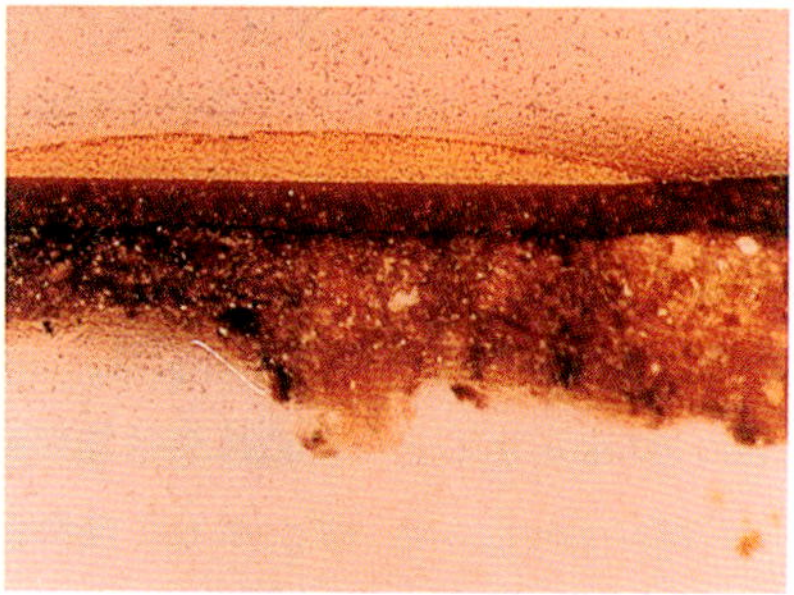

③色漆（朱漆）
②赤褐色系漆
①サビ下地

有加飾漆（Ⅵ）（100×）

①下地と上塗り漆の断面構造

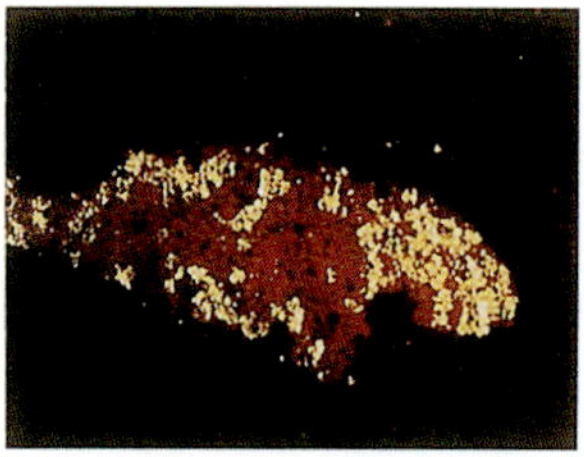

金粉（Au）（100×）

金粉（Au+Ag）（100×）

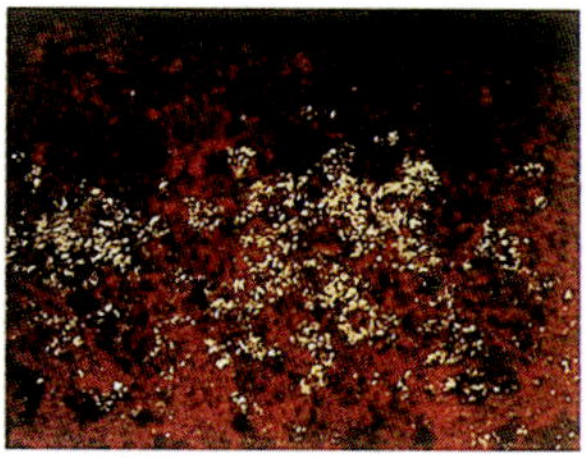

銀粉（Ag）（100×）

錫粉（Sn）（100×）

錫粉（Sn）（200×）

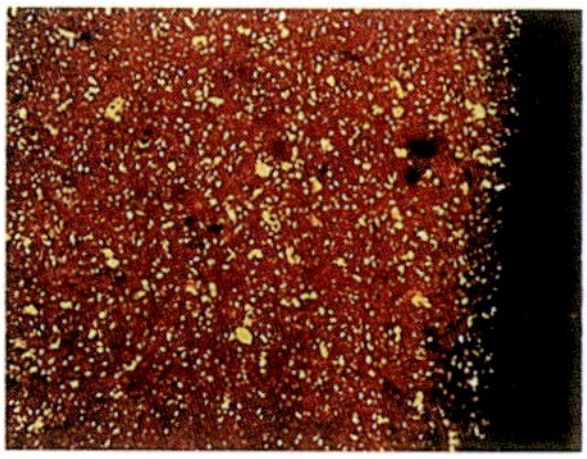

石黄粉（As_2S_3）（100×）

②加飾の蒔絵粉材料

はじめに

みなさんは、『漆器』というとどのようなイメージを持たれるだろう。「漆黒」のつやと、鮮やかな朱漆、きらびやかな金蒔絵や七色に光る螺鈿の輝きなど、日本を代表する大変美しい美術品もしくは伝統工芸品というイメージを思い描く人も多いであろう。

かつて十七世紀のイギリスをはじめとするヨーロッパでは、陶磁器はチャイナ、漆器はジャパンと呼ばれていた。今日でも国内のみならず、ヨーロッパの古城や貴族の館、博物館などには、日本から輸出された南蛮漆器の数々が大切に保管されている。このことも、私たちに「漆器は日本を代表する美術品、もしくは伝統工芸品の一つ」という認識を与えるのであろう。

それでは、漆器と現代の私たちの日常生活との関わり合いという点ではどうであろうか。漆器は、正月の雑煮椀や重箱、御屠蘇膳や酒盃、もしくはお茶会や料亭の和食器など、特別なもの、高価で取り扱いも大変そうといったイメージが強く、ほとんど馴染みのないものという人も多いようだ。たしかに、漆器といえば、デパートの高級食器売場や伝統工芸の有名生産地などで見かけるくらいで、日々の暮らしの中ではほとんど触れる機会がなくなってしまった。さらに「漆」と聞いただけで「かぶれそう」と、敬遠される方も多いのではないだろうか。

本書では、このような、私たちの日常生活からはちょっと離れてしまっている漆器、とくに食器としての漆器椀をテーマに取り上げる。それではなぜ、「漆器椀」を取り上げようと思ったのか？　これには、筆者のふと感じた次のような興味と疑問が発端となっている。

私たち日本人にとって、温かい白いご飯とお味噌汁は、最もなれ親しんだ食事の基本メニューである。私たちは、ご飯茶碗に味噌汁椀といった食器を日常何気なく使っている。

ここでちょっとこの食器に注目してみよう。ご飯茶碗の場合、職場や学校の食堂では強化プラスチックの食器が多いものの、家庭では陶磁器の白い碗を使っている人が多かろう。ところが、食堂・家庭を問わず、味噌汁椀には、プラスチック椀も多い。軽くて、熱い汁の熱も伝わり難いので、

写真１　食堂のプラスチック椀と重箱

そのこと自体は何の疑問も感じないが、この姿と形をごらんいただきたい。確かに材質は強化プラスチックではあるが、内は赤色、外は黒色。姿かたちはまぎれもなく漆器椀である。私たちは、プラスチックの味噌汁椀を通じて、漆器椀の姿かたちにふだんから慣れ親しんでいるのである(写真1)。

それでは、漆という高価な塗料を用いた味噌汁椀を、プラスチック椀が登場する以前にも、私

たちのご先祖様は、本当に日常の食生活で使っていたのであろうか。

先に答えを言ってしまうと、どうやら使っていたらしいのである。昭和以前の生活史のイメージ、たとえば時代劇やアニメーションの一場面では、貧しい庶民たちは漆塗りの椀を使えず、みすぼらしい木地椀を使っている食事風景が目に付く。しかし最近の中世や近世遺跡の発掘調査の現場からは、白木の木地椀はほとんど見つからない。それどころか、たとえば落語の熊さん・八っつぁんが登場するような江戸の裏長屋にあたる遺跡から出土する膨大な種類と数量の生活什器の中にも、非常に多くの漆器椀が存在するのである。それも、けっしてみすぼらしい漆器椀というわけでもない。これは、いったいどういうことなのであろう（図1）。

図1　裏長屋居住町人の食事風景
（『日用助食　竃の賑ひ』国立国会図書館所蔵）

本書では、信長・秀吉・家康らが活躍した十六世紀末十七世紀初頭期から、風雲急を告げる幕末維新の十九世紀半ばにいたるまでの近世、とりわけ江戸時代に時代設定を置いている。

このような近世の時代、私たちのご先祖様はどのように漆器のお椀と付き合っていたのか？　じつはごく日常の生活用具である味噌汁椀だからこそ、近世とりわけ江戸時代における庶民感覚ならではの「ものづくり事情」と「ものづかい事情」の一側面が見えてくる。

近年、発掘調査が行われて多くの成果が上がっている尾張の代表的な近世遺跡には、愛知県が日本史の表舞台に華々しく登場することでよく知られる「尾張清須城」や、「尾張名古屋は城で持つ」と繁栄をうたわれた名古屋城下町、さらには江戸勤番で尾張藩士が単身赴任生活を行っていた江戸表の「尾張藩邸（市ヶ谷邸・上屋敷や麹町邸・抱屋敷）」や、人口の多くを占める在郷の農村部の遺跡など、いくつかの遺跡群が含まれている。ここから出土した漆器椀や皿の様子、古文書に書かれた漆器の使用方法などから、それぞれの時と場所で生きた人々の生活の姿や文化の証、さらには個々の経済状態（台所勘定）も見え隠れする。

それでは、まずは漆器とは何か？という話。それに引き続いて、ご先祖様の貴重な置きみやげとしての漆のお椀にまつわるエピソードをいくつか取り上げていこう。

第一章　漆器とは何か

◉――椀と碗、漢字にみる和食器「ワン」の素材

私たちは漆器について、どの程度のことを知っているだろう。たまにテレビや本で、伝統工芸作家や塗師屋《ぬしや》さんが、熟練したテクニックで漆を器物に刷毛塗りしたり、ていねいに蒔絵や螺鈿の飾りを施しておられる姿を見ることがある。これらは、いずれも高価な漆器生産の姿であるが、今日のプラスチックの味噌汁椀にあたるような、江戸時代の庶民がふだんの食生活で使用した漆器椀はどのようなテクニックで生産されていたのか、確かにあまり凝ったつくりではなさそうといったイメージはあるものの、じつはあまりわかっていなかった。

私たちが使用するご飯茶碗と味噌汁椀。同じ「わん」という字であるが、漢字で書くと、ご飯茶碗は石偏の「碗」、味噌汁椀は木偏の「椀」と正式には字を使い分けている。確かに、ご飯をよそう白い瀬戸物のご飯茶碗の素材は、白い石英の粉を細かく砕いたセラミックを使用した磁胎が主流である。一方、味噌汁椀は、たとえプラスチック製であっても、ルーツである漆器椀の素材はろくろ挽きして椀の形にした木材であるため、現在でも木偏の椀の字が名残として採用されて

いる。案外、私たちは気がつかないところで、過去の歴史や習慣を踏襲しているようである。

◉——ウルシの塗料とは何か？

いうまでもなく漆器は、漆樹液の天然塗料を木や金属、焼物の器物の上にコーティングして仕上げた生活用具をさす。飲食器の場合、ワンや皿・盆などの形にろくろ挽きして仕上げた木地を素材とし、トチノキ、ケヤキ、サクラ、クリ、カツラなどの木材が一般的である。それでは、漆《うるし》の塗料とはどのようなものであろう。

ウルシの木から採れる樹液が原料であることはいうまでもないが、ウルシの木とは、単にウルシ科の植物ならば何でも良いというわけではない。世界ではウルシ科の植物は約六百種ほどあるといわれるが、「漆」塗料が採れるのは東南アジア、中国、日本などに分布する八種類のウルシ属植物のみ。ちなみに、果物のマンゴーやカシューナッツのカシューツリーなどもウルシ科植物であるが、ここからは漆塗料は採れない。さて、ウルシ属の木の樹液が良質な塗料となるには理由がある。漆樹液は、固化すると固い漆膜を形成する主成分である油状のウルシオールという物質のなかに水分の微粒子が分散している（油中水滴エマルジョンという）というもの（図2）。水分の中に脂肪の

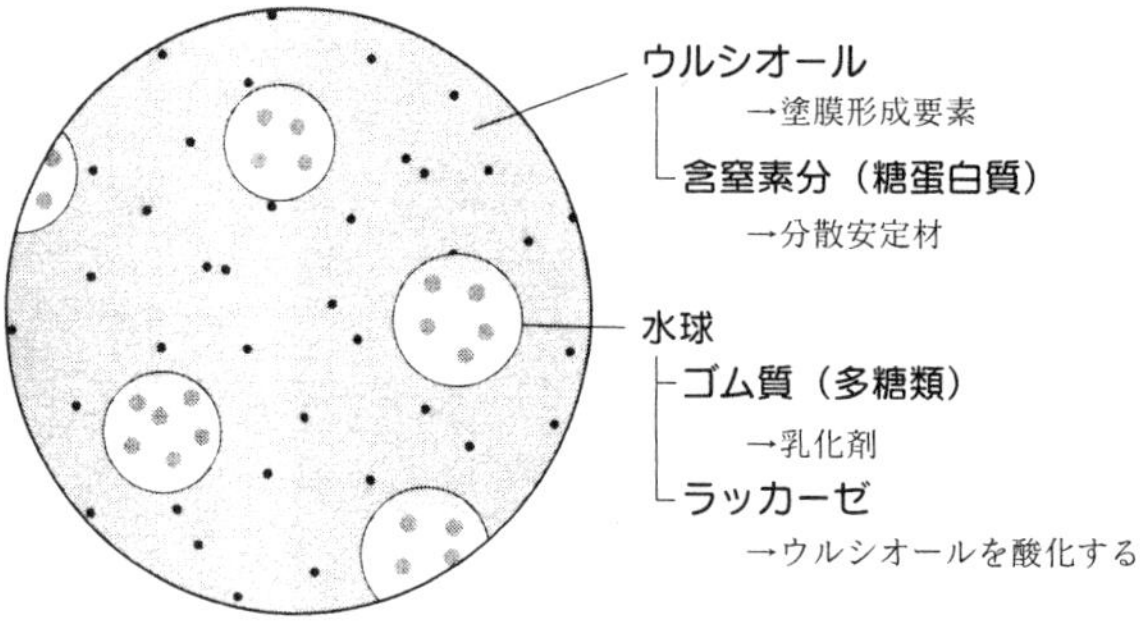

図2　漆の成分と役割（永瀬喜助『漆の本』1986より改変）

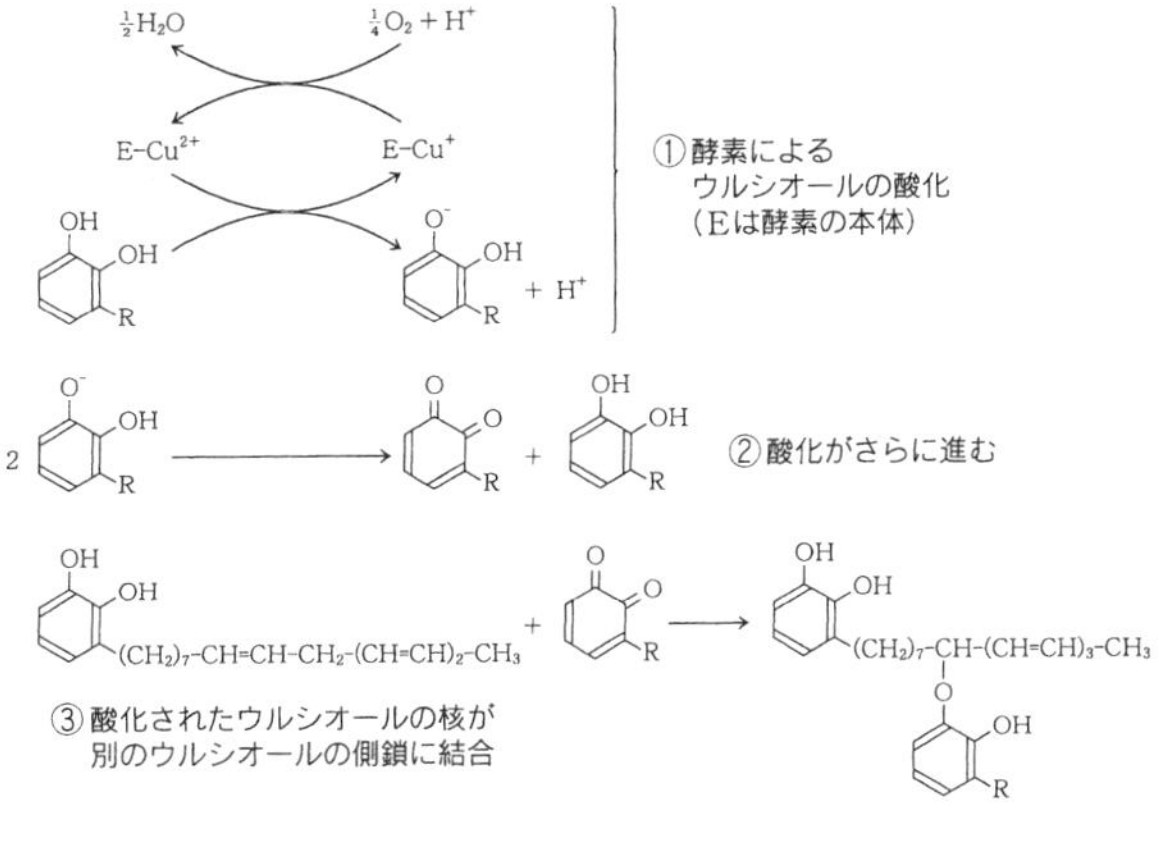

図3　ラッカーゼによるウルシオール重合の一例
（永瀬喜助『漆の本』1986より改変）

微粒子が分散している牛乳（水中油滴エマルジョンという）とは逆の状態である。この水と油が安定して混じりあって存在するには、その仲立ちをしてくれる物質（乳化剤という）が必要であるが、漆樹液の場合は、水分の微粒子の中に溶けている多糖類（ゴム質という）がその役目を担っている。そして、分散安定剤はウルシオールに溶けている糖蛋白質である。この漆樹液が固化するのは、ウルシの木が傷つけられた樹皮をコーティングして身を守るためであるが、そのメカニズムは複雑である。簡単に説明すると、漆樹液の水分の微粒子に含まれているラッカーゼという酵素が、空気中や水分中の酸素と反応してウルシオールから水素を奪ってウルシオールを酸化させる。ウルシオールは酸化すると結合しあい、やがて固く安定した立体的な網の目状の重合体膜面を形成するのである（図3）。この漆の重合体膜面は、非常に強い耐久性を有しており、縄文時代の漆膜が劣化せずに発見されることもある。通常、乾燥するとは水分が蒸発して乾くことをさすが、漆塗料が乾燥（固化）するのは、それとは逆。ウルシオールとラッカーゼ酵素を中心とした化学変化によるので、漆塗料を乾燥させるには適当な水分もしくは湿度と温度（酵素が活性化するために必要な活性温度）が必要なのである。ペンキやラッカーなどの人造塗料が有害な有機溶剤を発散させて乾燥するのとは異なり、自分が持っている酵素の力で乾燥する漆塗料がエコロジー的にも優しい天然素材の塗料として最近見直されているのは、まさにこの点にあろう。

さて、ウルシ属の木から漆樹液を採る作業を「漆掻き」という。これは漆樹液の分泌が盛んな初夏から晩秋までの期間に漆鎌で樹幹の表皮の下の樹脂道を傷つけ、染み出してくる樹液を掻ヘラで回収する（写真2）。現在では日本産漆の生産は稀少であり、岩手県浄法寺漆が有名である。この「漆掻き」の技術には、樹木の負担をなるべく少なくして長年計画的に漆の採集を行う「養生掻き」と、一気に大量の漆の採集を行ないウルシの木を枯らしてしまう「殺し掻き」の二種類があるが、明治以降は越前衆といわれた職人集団が伝えた後者が一般的であるとされる。漆掻きで回収した漆樹液（アラメという）のゴミを取り除いたものが「生漆」。今日では下塗りなどに用いるが、きれいな上塗り漆の塗料にするには、刷り込むように攪拌させて漆樹液の成分を均一に分散させ乳化している粒子をきめ細かくする「なやし」の工程、生漆では一五〜二五％含まれている水分を日光などにあてながらゆっくり蒸発させて飛ばす「くろめ」の工程といった精

写真２　漆掻き
（輪島漆器商工業協同組合『輪島塗』）

⑴ 生漆の精製（天日による「なやし」「くろめ」作業）

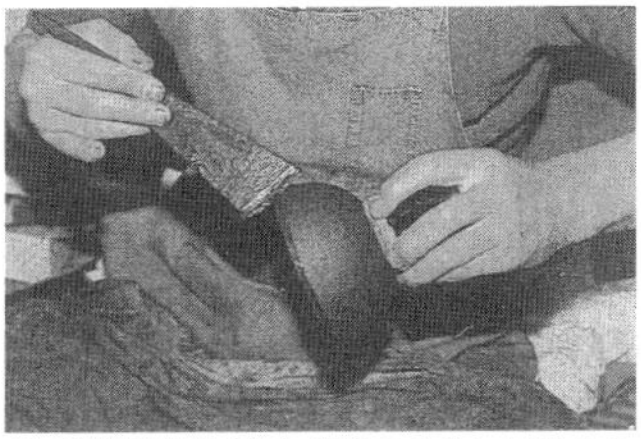

⑸ 惣身地付け（布と木地のさかい目にそうみ漆を塗布する）

⑺ 地研ぎ

⑼ 中塗り研ぎ〔こしらえもの〕（駿河炭による研ぎ）、拭き上げ

⑽ 上塗り漆の精製（吉野紙による漆漉し）

⑵⑶ 木地固め・刻苧（こくそ）
⑷ 布着せ

⑹ 一辺地付け、二辺地付け、三辺地付け

⑻ 中塗り

⑾ 上塗り
⑿ 上塗り終了後の回転風呂内での漆器乾燥作業

写真３　現代の輪島塗製作の工程（輪島漆器商工業協同組合『輪島塗』）

製作業を経ることが必要である。これにより良質な漆塗料はつくられる。そして、何回かの工程を経て漆塗料は上塗りされ、漆器はやっと完成する（写真3）。

◉——漆器のお椀はどのように作られたか？

日常の生活什器である漆器の生産の様子は、江戸時代に書かれたいくつかの諸国物産品紹介の書物からもある程度推察することができる。

ここでは、奥州秋田の椀木地生産作業工程図と、江戸時代を通じて大規模な漆器生産地であった紀州黒江の漆器椀生産地図をみてみよう。図4は、奥州秋田の椀木地生産作業工程図である。この図には、大きな木地の原木を切り倒し、鉈などで大体の椀木地の大きさに分割する「きこり作業」の工程と、お椀の形に木地の中を手斧などでくりぬいて荒型木地をつくり、最終的にはろくろ挽き作業でお椀の姿に仕上げる「ろくろ挽き作業」の二つの工程の様子が描かれている。

図5は紀州黒江の漆器椀生産地の様子である。紀州黒江（今の和歌山県海南市黒江）は、江戸時代を代表する大規模な漆器生産地であったが、この図をよく見ると、①最終的に椀の形に成型するろくろ挽きの仕上げ作業、②木地の目止めを行い上塗りの漆との繋ぎ役をする下地付け作業（今日の輪島塗のように、細かい粘土や珪藻土を漆に混ぜてきっちりつける下地とは異なり、黒い墨の粉を柿渋やにかわ、ふのりなどに混ぜた下地塗料を用いる場合が多かった）、③下地の天日干

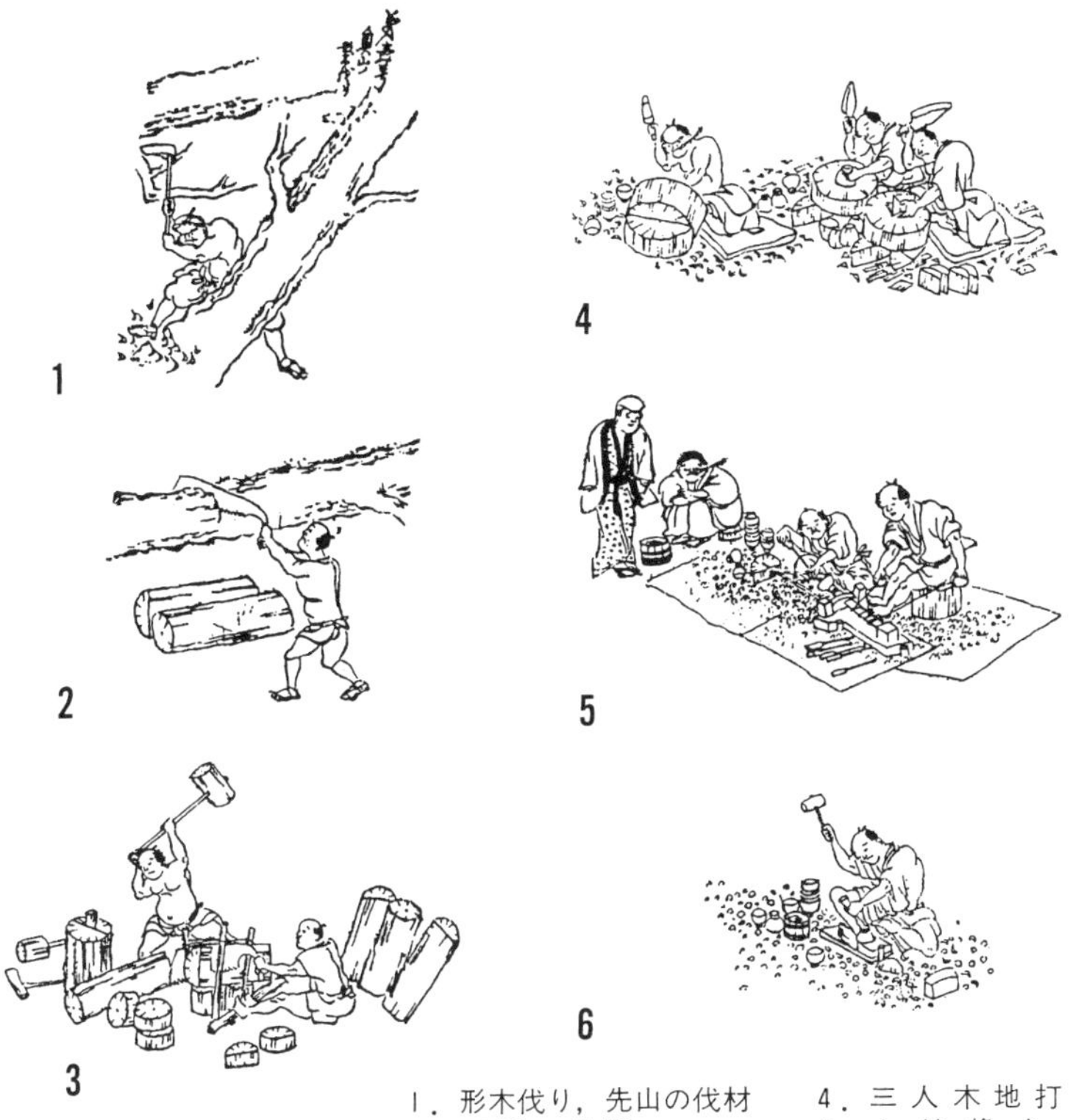

1. 形木伐り，先山の伐材
2. 原材の分断
3. 大切り挽きと大割り
4. 三人木地打ち
5. 木地挽き
6. ろくろ爪跡取り

図４　木地師椀の作業工程 ―秋田・川連地方―（『椀師作業工程絵図』）

し作業、④上塗りの漆塗り、⑤上塗り漆の乾燥・仕上げ作業（漆は比較的高温多湿でないと酵素の働きで固まらない天然樹脂の塗料である。そのために漆を塗った椀は、棚に並べて湿度を八〇％以上に保ち、かつ作業場などの塵埃がついて漆膜の表面が汚れないように外気をシャットアウトする必要がある。このような上塗り漆を固化させる部屋を漆風呂と呼ぶ）など、一連の漆器を作る作業工程が描かれている。この二枚の絵図からは、江戸時代の漆器椀の生産には多くの職人たちが関わり、かなりシステマチックに作業工程を分業して

図５　紀州黒江の漆器生産地（『紀伊国名所図絵』）

いた活気に満ちた様子を伺うことができる。

また、漆器椀には外側に家紋などを色漆で描くか、細かい金銀粉を用いて蒔絵装飾する場合もある。通常、このような作業は色絵師や、蒔絵師と呼ばれる加飾の職人グループが担当する。江戸時代中期頃に書かれた近江（今の滋賀県）日野の塗師屋さんの古文書には、注文先から家紋の絵柄などの指示をうけて、無地の漆椀に家紋を描いてもらうよう大坂の職人に発注した注文書もある。

このように、漆器椀の生産には、木地・下地・上塗り漆・必要に応じて家紋や漆絵を描く加飾、の四つの基本的な工程がある。さらに大きく分けると、原木から木地をつくり挽き物・板物の形にする「木胎製作」の工程と、その木胎に下地および漆を塗布し、蒔絵・漆絵などの飾りや研磨作業を行う「漆工」の工程から成り立っており、それぞれの職人がシステマチックに分業を行っていたことを理解していただけるものと思う（図６）。

◉――遺跡から出土する「もの」＝物的証拠

さて、日本人には歴史好きな人が多いそうである。以前、某民放テレビでキー局のディレクター

塗師（「和国諸職絵尽」）

蒔絵師（「人倫訓蒙図彙」）　青貝師（「人倫訓蒙図彙」）　継物師（「人倫訓蒙図彙」）

図6　江戸時代の漆工職人

とお話しする機会があった。視聴率を取るにはどのような番組を企画するとよいのか？　まず、国内外のグルメ旅番組。次にはロマンを秘めた古代文明や文化遺産を含む考古学や歴史・芸術系の文化番組。日本人には歴史好きな人が多いといわれるが、確かに、一週間のうち一度は考古学や歴史関連の報道を見聞きする。この背景には、過去の知られざる歴史のロマンを知りたいという知的好奇心の欲求の強さがあるのだろう。

　ところで、考古学というとどのようなイメージを持たれるだろうか。日本であれば旧石器・縄文・弥生・古墳時代といった文字記録がほとんどない古い時代を解明するために、発掘調査を行い、知られざる新事実を発見する。そんな考古学の姿は確かにインパクトがある。また、スティーブン・スピルバーグ監督の冒険活劇映画『インディー・ジョーンズ』シリーズの主人公である考古学者ジョーンズ博士の姿をイメージするかもしれない。しかし、本来の考古学は、土の中から出土した「もの＝物的証拠や状況証拠」、すなわち先人が残した数々の物質文化財をヒントとして、そこから過去の社会構造や生活史などの歴史像を復元しようという結構地道な努力を要する学問である。先史考古学・歴史考古学というジャンル分けはあるものの、本来、年代的に古い新しいとは基本的にはあまり関係がない。事実、近年では近代以降の産業考古学、戦争に関連する戦跡考古学などのジャンルも盛んになってきた。本書のテーマもジャンルで言うならば、時代別では歴史考古学の中でも「近世考古学」、調査の対象もしくはアプローチ方法では「漆器を題材とした考古学」ということになる。

◉――近世考古学の発展

はじめて近世の考古学の必要性が学会で言われたのは、東京都内で都市再開発に伴う遺跡の発掘調査が盛んになりだした一九七三年のこと。それまでの発掘調査対象は、東京湾周辺の貝塚などの縄文遺跡が中心であった。しかし、東京や名古屋をはじめとする大都市の多くは近世に都市開発が始まり、江戸時代以来の城下町を基本としている。発掘調査では、「都市の地下三尺（約一メートル）は江戸（近世）の華」とまでいわれるように、多種多様な遺構・遺物が検出されるのは当然のことと言えようが、当時は残念ながらこのような近世の遺構や遺物に関心を払う人はあまりいなかった。このとき考古学者の加藤晋平・宇田川洋両先生は、民俗学および民具学研究、さらには文献史学の主流である近世史研究との連携により、近世考古学関連の出土資料は江戸時代の物的証拠としてきわめて重要な意味を持つという発表をされた。ここにはじめて「近世考古学」の提唱がなされたのである。

一九八〇年代以降は、ご存知のように東京をはじめとする都市域で、加速度的に都市再開発に伴う発掘調査が急増した。それに伴い新たな臨場感ある多くの情報も附加されるようになった。バブル経済と考古学とは決して無縁ではなく、ここ数年は長引く景気低迷の関係からか一時期ほどの盛況さはないものの、いぜんとして多くの調査が進行しており、膨大な数量の遺物や遺構が検出されている（写真４）。

写真４　近世遺跡の発掘調査風景
（東京都港区立港郷土資料館写真提供）

とくに低湿地性の近世遺跡では、埋没条件がよければ、当時の人々が調達して使用した日常生活什器＝生活のあり方を直接知ることができる物的証拠の漆器椀が、陶磁器碗・皿とともにまとまって出土する場合がある。このような近世遺跡は、北は北海道のアイヌ民族関連の遺跡群から、江戸の大名藩邸跡や名古屋などの国元城下町の武家屋敷跡、京都禁裏御所の公家屋敷跡、大坂や長崎の町屋跡など、全国的にもバラエティに富んでおり、資料も充実してきた（写真５）。

◉――陶磁器研究の発展と漆器研究のむずかしさ

さて、近世考古学の代表的な成果として、陶磁器研究がある。これは、瀬戸、美濃、有田などのような焼物の生産地に残っている江戸時代の窯跡（生産地遺跡という）を発掘して、窯内部や周辺に残され、また商品にならずに捨てられた陶磁器などを調査し生産地遺跡における窯跡や焼物の形や色の特徴を整理することで、作成された場所（窯）や年代（陶磁器編年という）を明らかにするものである。一方、城下町などの消費地遺跡からは、人々が使っていた陶磁器の破片が、大量に出土する。生産地遺跡と消費地遺跡、両者の出土陶磁器の特徴を比較すれば、その土地で生活していた人々が使用していた陶磁器が、いつ、どこで作られたのかがわかる。その結果、考古学の発掘調査で最も重要な遺跡の年代がはっきりするし、当時の人々の物流などの経済圏もわかる可能性が高いのである。

写真５　漆器椀の出土状況
（東京都港区立港郷土資料館写真提供）

では、出土漆器の場合はどうであろうか。もちろんご飯茶碗と汁椀、漆器も陶磁器と同様に当時の人々の生活ぶりを直接理解する上で有効な「物的証拠」の一つである。ところが、ここで大変やっかいなことがある。漆器椀は、有機質である木材を椀の形に刳りぬいた木胎部に、下地・漆塗膜面・蒔絵粉などの飾り材料が加わった異なる素材から構成される製品である。出土漆器の残り具合は土中の埋没環境によっても左右されるが、いくら検出時点では良く残っているように見えても、基本的には、木胎部は脆弱、下地や上塗り漆膜もボロボロに

写真６　近世出土漆器椀における劣化状態の様々

剥げ落ちる危険性が高い。そのため、「最も取り扱いがやっかいな出土遺物の一つ」とさえ言われている（写真６）。

発掘調査にかかわる考古学の研究者達にとっても、出土遺物を保存・修復する保存科学の技術者達にとっても、漆器は本当にやっかいもの。発掘調査時の検出、実測図の作成などの遺物観察、保存処理、さらには資料の保管、どれをとっても苦慮する場合が多い。加えて、漆器の製作は四畳半ほどの作業部屋があればよいから、陶磁器の古い窯跡に対応するような生産地遺跡もほとんど検出されない。

そのため、これまでは代表的な一部の出土漆器資料の表面観察記録にとどまる場合が多く、なかなか基礎的な研究は進まなかった。ところが、今話題の東京都港区の汐留高層ビル群の地下にあった汐留遺跡などの低湿地遺跡からは、条件がよければ、数千点単位で近世漆器が出土する。全国各地で出土する近世漆器の数量は、あっというまに他の時代の漆器資料の数を抜き、伝世品である民具資料以上に充実するようになってきた。

このような出土漆器から、近世史の一側面を描き出すために有効な調査・研究方法を見出すことはもとより、もっと現実的な保存や保管などの取り扱いを的確に行うための方法を確立することも、膨大な漆器の前では無視できない急務となってきたのである。

◉――漆器を考古学する

日本の文化を代表するすばらしい文化財であるにもかかわらず、ややもてあましぎみの近世遺跡から出土した漆器をいかに宝の山に変えるか。これは、今でも筆者の永遠のテーマの一つである。

これらを研究・調査するヒントを得るには、実際に漆器を製作している伝統工芸の世界や、漆器の歴史を研究する漆工史の分野の成果を参考にすればいいのではないかと考えるのが普通である。ところが、漆工史の分野では、どうしても大名諸道具に代表されるような蒔絵や梨子地・螺鈿などの優美で華麗な漆器に眼がいく。日常生活什器としての漆器椀は、民具学の一資料として、もしくは今日の地方漆器産業のルーツとして断片的に取り上げられることはあっても、実際には案外不明な点が多かった。

ところが視点を変えると、取り扱う上では本当に苦労が多い漆器も陶磁器と比較すると、①木胎に使う用材の種類、②木取り方法、③漆塗り技法、④色漆の使用顔料や蒔絵粉材料、⑤上塗り漆の性質、などの材質・技法といった生産技術に関する属性はむしろ多い。さらに幸いなことに、これらは、各種の分析機器を用いた調査で客観的に捉えることが技術的に可能である。そのため、顕微鏡や分析機器を用いた自然科学的な調査を行えば、見た目だけではわからない漆器のいろいろな情報を知ることができる。このような研究は、すでに一九七〇年代に東京国立文化財研究所（現　独立行政法人文化財研究所・東京文化財研究所）の保存科学部の中里寿克氏らによって開始された。一九八〇年代には国立歴史民俗博物館の永嶋正春氏が、とくに漆膜面小破片の断面構造の観察方法を確立する。その後、筆者を含む漆器研究者が登場することになるわけであるが、その中で、能登穴水の西川島遺跡を調査された四柳嘉章氏は、こうした分野の研究スタンスを「漆器考古学」と命名されている。

◉――漆器の調査方法

おさらいになるが、漆器椀の製作は、ろくろ挽きして椀木地を作る木胎製作の工程と、その上に下地を施し、上塗り漆を塗布し、時には漆絵や蒔絵飾りを行う漆工の工程から成り立っている。このような生産技術面から漆器の品質を調査することは、漆器の性格を正しく判断して、正しく取り扱うためには大切なことである。

筆者は、このような出土漆器の調査方法として、まず器形や漆塗りの表面を観察したのちに、可能な限りなるべく次に示す四つの項目別に自然科学的な手法を交えた科学分析を行なっている。その方法について少しふれておこう（写真7）。

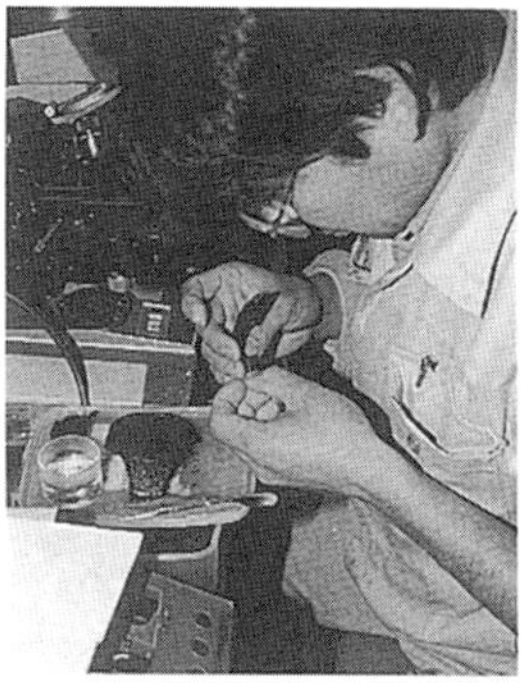

樹種同定用の切片作成作業

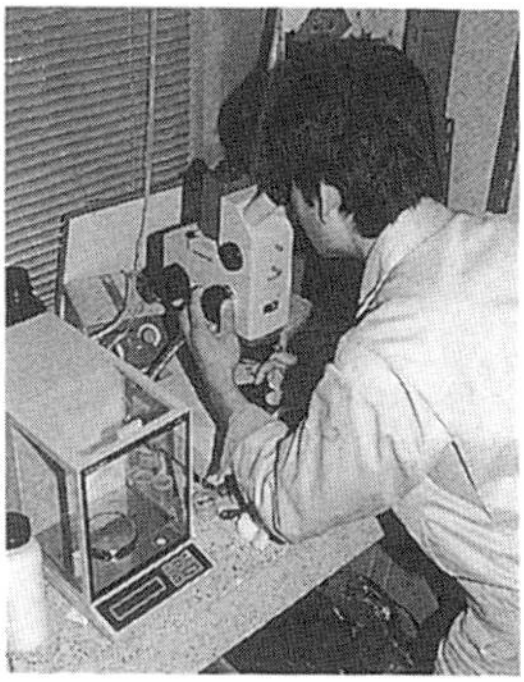

簡易顕微鏡による
表面塗り技法の観察

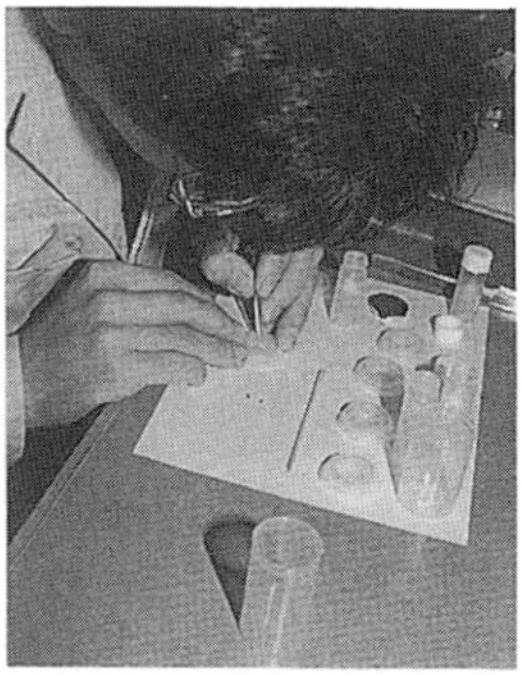

漆塗膜片の合成樹脂脂封入作業

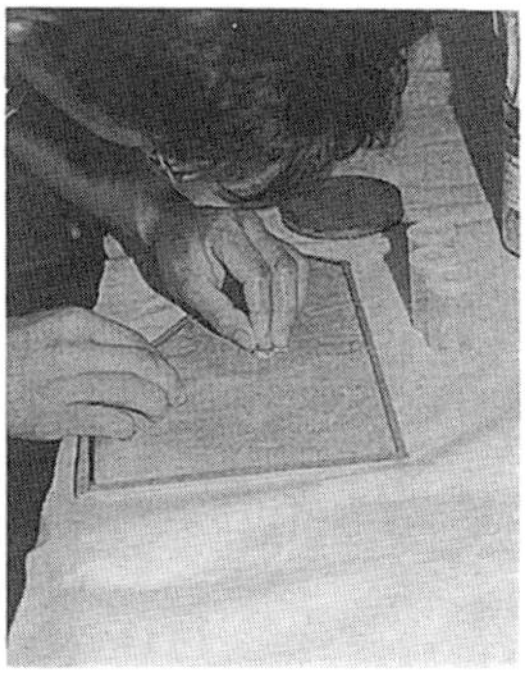

封入した漆塗膜片
の断面研磨作業

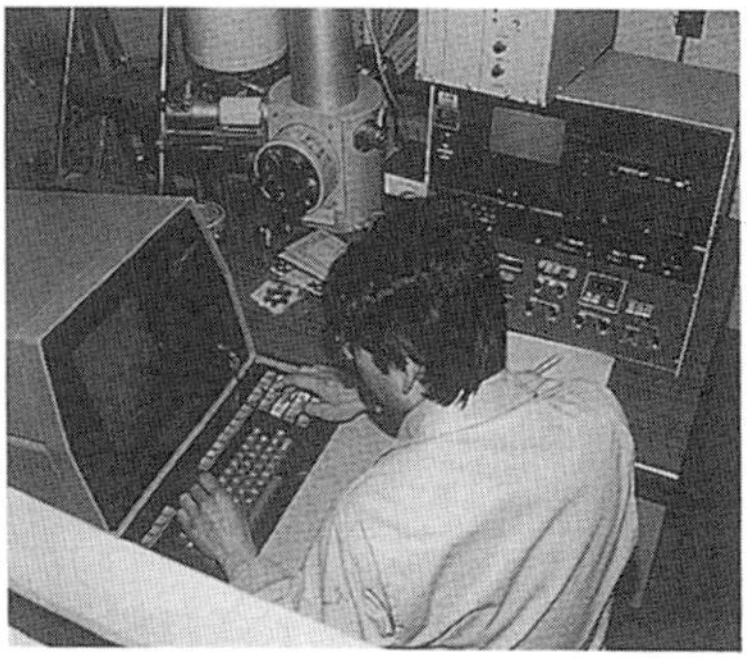

X線マイクロアナライザー
による色漆使用顔料等の定性分析

ＦＴ・ＩＲによる漆の成分分析

写真７　漆器の科学分析による調査風景

(1)　まず、木地師が主に行っている椀のかたちを作る工程。ここでは、どのような木を用い、どの木目《もくめ》の部分を利用するのかがポイントとなる。この調査には、木材の細胞組織を顕微鏡観察する「樹種同定《じゅしゅどうてい》」といわれる作業が有効である。木材には、木口《こぐち》（丸太材の切り口のような木の年輪の見える部分）、柾目《まさめ》（木口の年輪と中心で直交する木目がまっすぐに通った垂直部分）、板目《いため》（木口面の年輪を接線方向で切る年輪が板目状に波立って見える部分）の三方向がある。この細胞組織の形は、木材の種類によってそれぞれ異なる。そのため、調べたい漆器と、樹種名がはっきりしている標準木材の細胞組織の形と方向を比較すれば、樹種名（用材選択性）と木取り方法がわかるのである。

(2)　次に、塗師屋が行う下地付けと上塗り漆を塗布する漆工の工程。この調査には、警察鑑識班が交通事故現場でひき逃げ車の塗料破片から車種と車の色を特定する際に用いる方法を応用する。まず、貴重な漆器から、一×三ミリ程度の漆膜の剥落破片を注意深く採取して、エポキシ系合成樹脂に垂直に立てて埋め込む。埋め込んだ破片の断面が透けて見えるまで薄く磨き、顕微鏡で観察する。すると、漆膜の厚さ、塗り重ね構造、色漆の顔料粒子の大きさ、下地の種類や状態などがわかる。

(3)　これも警察の科学捜査でもよく登場する蛍光X線分析装置などの無機分析機器。これを使うと、赤色や黄色・緑色などの色漆に用いられた顔料や、金や銀などの蒔絵粉の種類などを特定することができる。最近の考古学の分野では、ＤＮＡ鑑定や和歌山カレー事件で話題となったSpring 8などの超ハイテク機器なども含め、警察の科学調査で用いる方法が多く応用されているのである。

(4) 一方、各地に残存する古文書や民具資料、漆工材料や漆工用具などの伝統的な民俗資料、口承資料を援用することで、上記の属性別に明確な品質や価格ランクの差、さらには使用目的・調達方法に違いがあることも想定できる。

スポーツでも何でも同じであるが、これから直接相手にする対象が、まず、どのようなものであるのか。現在どういう状態にあるのか。これらを知ることは、ものごとを進める上での鉄則である。筆者は、実際にこれら出土漆器を取り扱う者の立場から、対象となる近世の漆器椀の姿や形、表面の漆塗り状態の観察とともに、次の項目を二本柱として調査を進めてきた。一つは、文献史料や口承資料を参考にした江戸時代における漆器生産技術の復元。もう一つは、機器分析による個々の漆器の材質・技法の調査である。

日常生活に密着した漆器椀と、これらの使用階層や使用状況との関連が把握されれば、そこで生活した人々の暮らしぶり、さらには文化や物流経済・社会構造のあり方の一端がある程度推定できるのではないか、と想定したことが、本書で近世遺跡から出土した漆器資料を題材として取り上げた理由でもある。

第二章　尾張清洲の漆器事情

◉——戦国武将たちの夢の跡、尾張清洲城下町遺跡の発掘調査

桶狭間の戦いのワンシーンにも登場する織田信長の居城として、また本能寺の変の事後処理の清須会議の舞台、さらには関が原の戦いの前線基地として映画やＮＨＫ大河ドラマなどの時代劇で何度も取り上げられている尾張清須城。たとえ名前は知らなくても一度は見聞したことがあるメジャーな歴史の舞台である。

　この尾張清須城は、濃尾平野のほぼ中央部、現在の愛知県西春日井郡清洲町に位置し、新幹線からも復元したお城の雄姿をみることができる（写真８）。実際の「清須城」は、ちょうど新幹線や東海道線の線路に本丸部分が分断されてしまい、電車がお城の上を通っていることになるのであるが、濃尾平野のほぼ中央を流れる五条川を利用した水上交通と鎌倉街道沿いの陸上交通の要として、中世段階の文明一〇年（一四七八）には尾張守護斯波《しば》氏の守護所の居館が設けられる。これが後の清須城のはじまりである。その後、清須城

写真８　復元された清須城天守閣

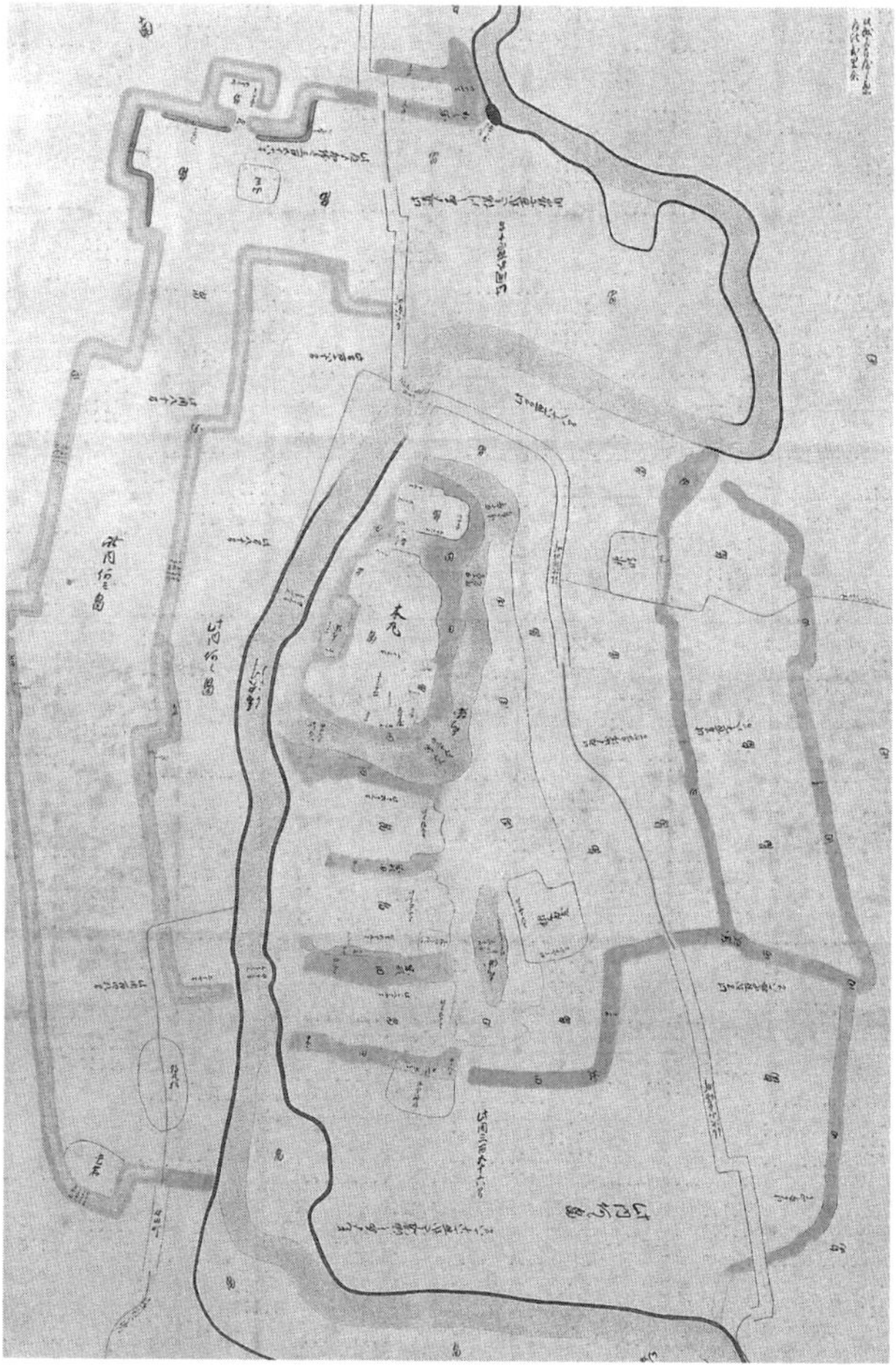

図７　清洲城下町の町割り
(『春日井郡清洲村古城絵図』蓬左文庫所蔵)

は織田家の居城になり、数々の歴史の表舞台に登場するようになる。城主も信長以降、織田信雄・豊臣秀次・福島正則・松平忠吉と替わり、とくに織田信長の次男の信雄時代には、城と城下町の一大整備がなされ、人口六万人とも算定されるような大城下町に発展した（図７）。ところが、お城の堀割り機能も兼ねた五条川を含んだ複雑な清須城周辺の地形は、軍事上は有利であっても、城下町を発展させるには手狭であった。そして、五条川もしばしば氾濫する。そのため、尾張藩の初代藩主となった徳川義直は、新たに名古屋台地上に大規模な名古屋城を築城することを決定。

清須城はその華々しい役目を終えることになる。

慶長一五年（一六一〇）から開始された「清須越し」と呼ばれる名古屋への都市機能移転は、同一八年（一六一三）に終了した。その後の清須の地は、わずかに宿場町が設置されるものの、往年の面影は消滅し、静かな田園地帯となる。そして、往年の清須城の名残は、名古屋城東南隅の清須櫓にのみ留めることになったのである（写真9）。

写真9　清須櫓と焼失前の名古屋城天守閣
（城戸久監修『名古屋城大鑑』1952
愛知県引揚者更正団体連合会取扱い書）

さて、一時期でも歴史の華々しい表舞台を飾った清須城および清須城下町の実際の姿はどのようなものであろうか。これらの実体がわかる遺跡である『清洲城下町遺跡』の発掘調査は、当初は名古屋環状二号線の建設、その後は五条川河川改修事業に伴う事前調査として一九八七年以降、継続的に愛知県埋蔵文化財センターや清洲町教育委員会により行なわれてきた。

その結果、建物の基礎や井戸跡、建物区画がわかる溝状遺構もしくは堀跡、土壙・遺物集中、木列遺構、石組遺構、などの遺構群、本書が取り上げている数多くの漆器や、曲物・下駄から墨書付の木札や卒塔婆などの各種木製品、土師器製皿・鍋釜類や瀬戸美濃窯産陶器の碗・皿・すり鉢などの日用雑器である陶磁土器類、銭貨などの金属製品、硯・砥石などの石製品にいたるまで、膨大な日常生活の什器類や建築部材などの遺物が出土した。なかでも金箔瓦や石垣基礎部分の発見は、この城が安土桃山期から名古屋城移転までの間、荘厳な威風堂々たる城郭であったことを私たちに伝えてくれる(写真10)。そして、城と城下町が整備された城下町三期から清須越しの城下町廃絶まで(織田信雄時代以降)の清須の城下町は、石垣や天守閣等の瓦葺建物の本丸エリアを中心に据えて、城下町全体を総構えの堀で囲う。堀の内側には、中・小家臣団の小規模な武家屋敷や商・職人の定着化に伴う短冊形区画の町屋を囲い込み、軍事目的と想定される空地や寺院群を随所に配置するなど、軍事面や経済面を考慮に入れた、近世城郭および城下町の代表的な縄張り形態であることがわかった。

さて、尾張清須城内および城下町遺跡の漆器は、清須城本丸部分・武家屋敷跡・町屋跡・寺院跡など、それぞれ性格が異なるエリアからまとまって出土した(写真11)。この内の七九二点の近世出土漆器の材質・技法の調査を行った結果、全体的にはいずれの地区でもあまり品質の違いは見出されなかった(図8)。どのような品質の漆器椀が多いかについてはあとで述べるが、ここでは特に目立った特徴的な漆器を三つ取り上げよう。

◉――茶道具としての高級輸入漆器(堆朱《ついしゅ》の合子《ごうす》)

まず、清須城の本丸地区、すなわち清須城内エリアからは、朱漆と黒漆を何回も交互に塗り重ね、厚い漆膜を彫刻してきれいな赤黒の層をみせる小物入の合子《ごうす》が一点出土した(図9―①)。朱

写真10　発掘調査で発見された清須城の石垣
（愛知県埋蔵文化財センター『清洲城下町遺跡Ⅷ』2003）

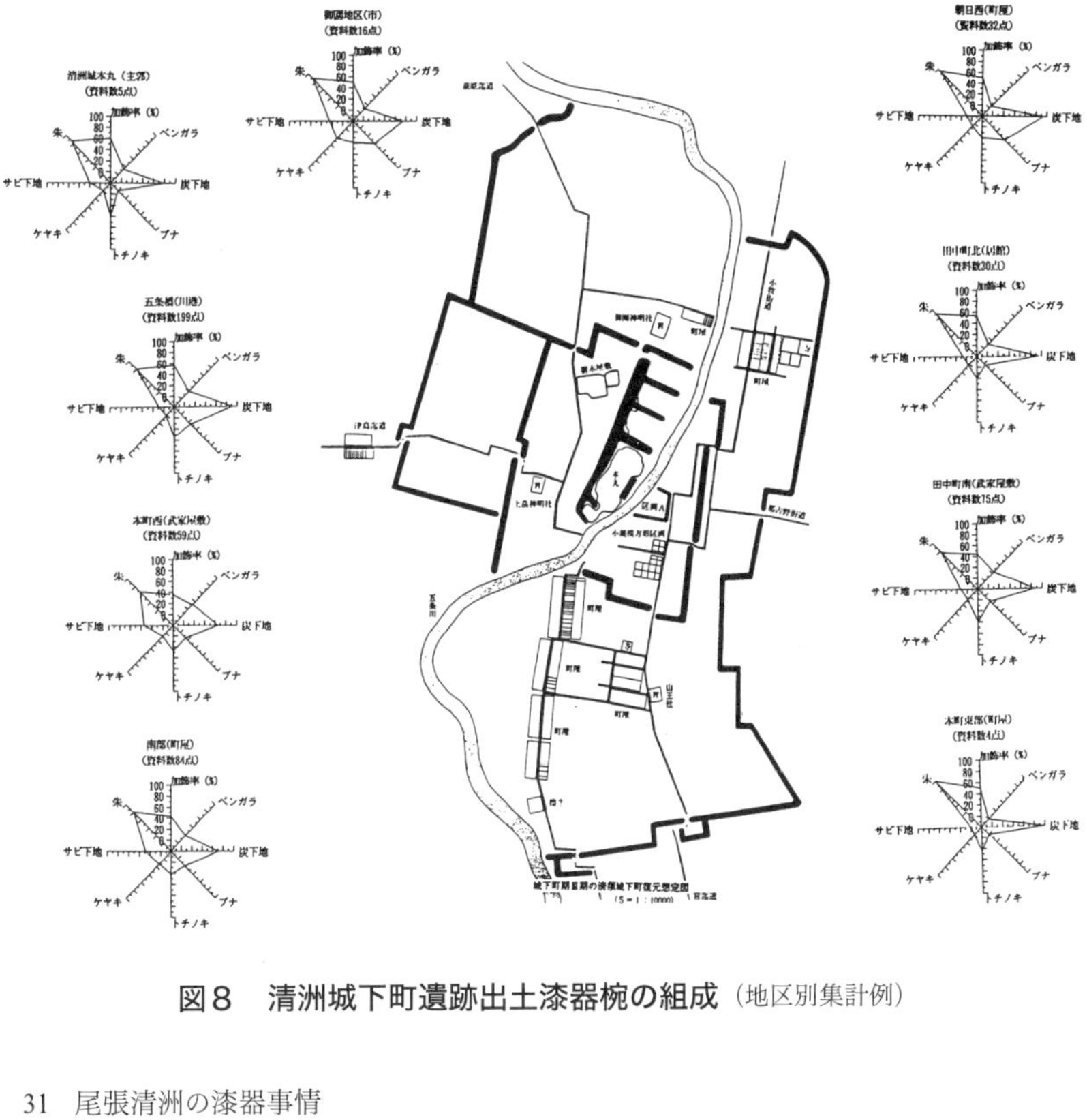

図８　清洲城下町遺跡出土漆器椀の組成（地区別集計例）

写真11　清洲城下町遺跡出土の漆器椀
（愛知県埋蔵文化財センター『清洲城下町遺跡Ⅳ』1994）

と黒の漆を塗り重ね、文様（渦巻きの屈輪《ぐり》文様が多い）を彫刻する漆器を堆朱《ついしゅ》と言うが、これは中国の元や宋代などに始まったきわめて高度な漆芸技術である。これらは日宋交易や日明交易などで青磁や白磁、書画などとともに輸入された高価な輸入品の一つであり、現在でも博物館や京都の大きな寺社などにいくつか伝世品があるのでごらんになった方もあろう（写真12）。

日本では、このような漆器を作るにはあまりにも手間隙がかかるため、簡略化した「鎌倉彫」がやがて一般化する。

これまで、筆者も堆朱の出土漆器を調査した経験はほとんどなく、清須城郭内以外では、ただ一点のみ。それも時代は江戸時代中期の十八世紀代にぐっと下る。どこで出土した

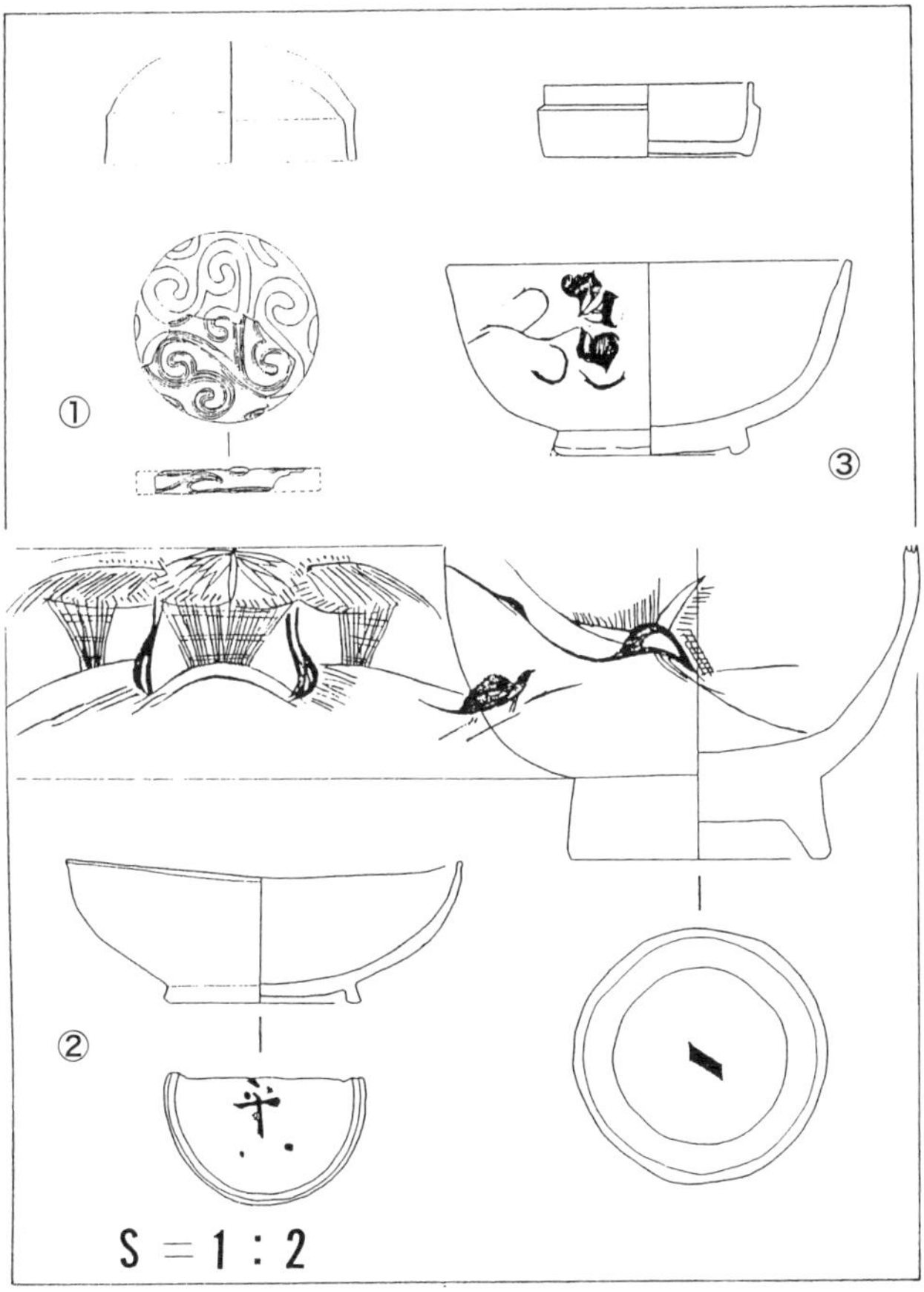

図９　清洲城下町遺跡出土の漆器（梅村清春1987）

写真12　中国元代の堆朱屈輪《ぐり》盆の一例（個人蔵）

かというと、当時の日本を代表する豪商であった大坂中之島の住友家屋敷跡である。大阪市文化財協会の発掘調査で見つかった何でもないような小さな破片であったが、その断面を顕微鏡で観察したところなんと二十九回も漆が塗り重ねられており、びっくりした記憶がある（写真13）。清須城内の出土漆器は十回程度の塗り重ねではあるが、両者は時代も違うので優劣の比較にはならない。しかし、いずれも中国や朝鮮半島との交易で輸入された超高級品であったことだけは確かであろう。

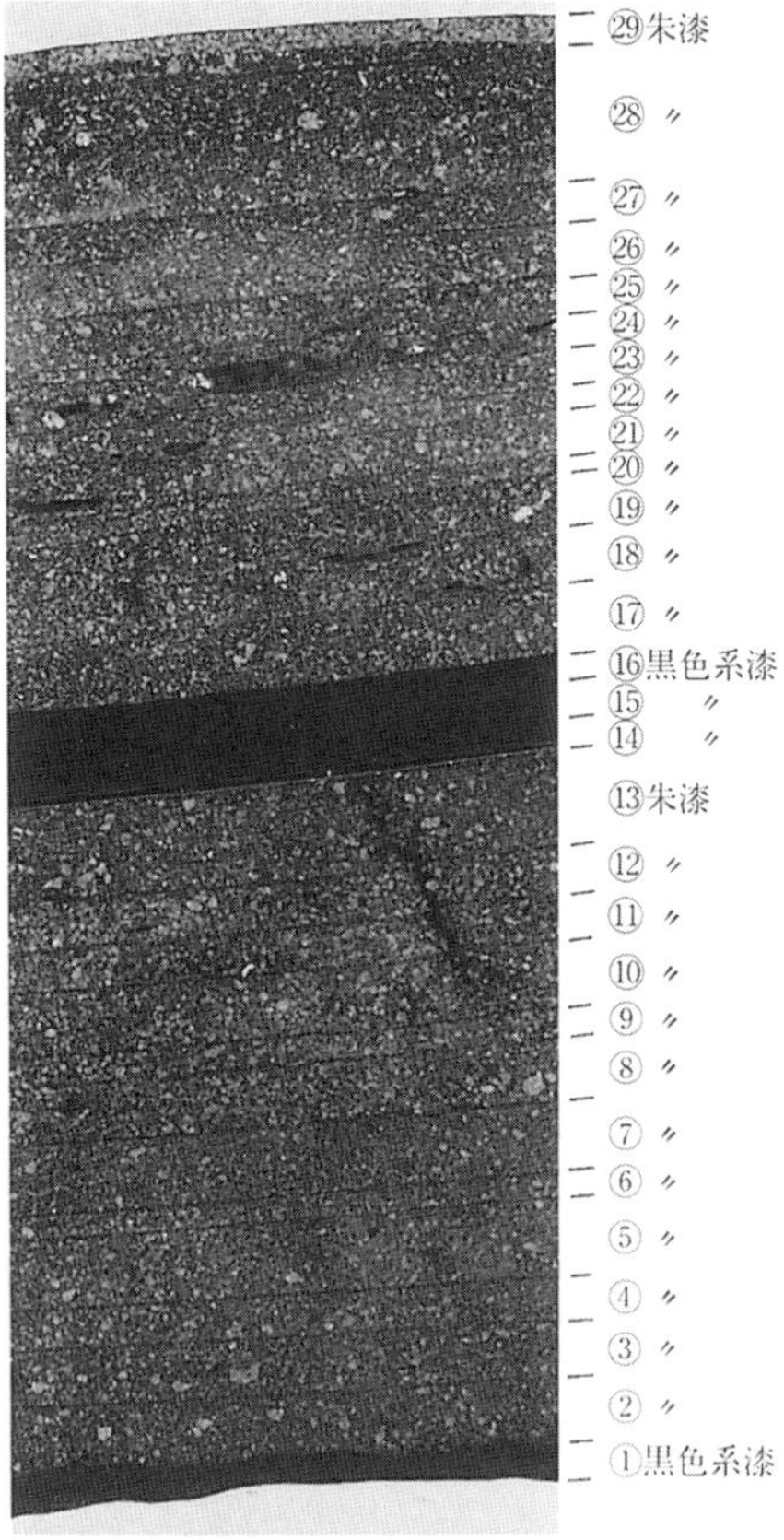

写真13　住友家屋敷跡出土堆朱漆器の漆塗り構造（70×）

それでは、清須城内からなぜこのような堆朱の合子が見つかったのであろうか。これを解くカギは、室町時代末期の戦国時代に描かれた京都の洛中洛外図屏風などの屏風絵にある。足利将軍邸などの有力武家屋敷の様子をみると、厳格な対面儀式などを行う主

写真14　復元された金閣寺二階の「室礼」調度品
（ＮＨＫ取材班『歴史誕生５』角川書店1990）

殿とともに比較的ざっくばらんな対面所である会所の建物が対になって描かれている。この会所では、主人が客をもてなすセレモニーがよく催された。このようなセレモニーで代表的なものは、京都の金閣鹿苑寺を建立した足利義満の北山文化以降盛んになった「茶の湯」行事である。茶の湯文化というと、まさに清須城が荘厳な姿を呈していたであろう安土桃山時代に千利休が確立した「わびさび」の茶の湯のイメージが強かろう。しかし、実際の茶の湯文化の歴史をひもとくと、室町時代の中国や朝鮮半島からの最新文化モードである舶来好みがその原点にあった。『喫茶往来』などの書物によると、茶寄合いに際しては、会所の床の間に中国や朝鮮半島などから輸入されたきらびやかな漆器や白磁や青磁の花瓶、書画などが並べて飾られていたのである。これを「室礼《しつらい》」と呼ぶ（写真14）。ここで多くのきらびやかな輸入の調度品を披露するのが館の主人の富と権力を示す絶好の機会、センスよく什器を並べるには、成金趣味とは異なる主人の教養や文化レベルが問われるのである。のちに千利休は、このような華美な茶の湯の姿勢への反発もあって、高度な研ぎ澄まされた「わびさび」の精神文化に茶の湯を高めたとの指摘もあるくらいである。京都の有力武家や寺社から始まった茶の湯のセレモニーに伴う会所の室礼の習慣は、やがて、地方の戦国大名や有力豪族にも伝わる。戦国時代の地方城館跡から、青磁や白磁という輸入陶磁の茶碗や花瓶の破片が数多く出土することもあるのは、そういった事情もある。

このような文化背景を考えると、おそらく清須城内の舎殿でも、中国趣味の優れた堆朱の漆器や輸入陶磁器などを床の間にしつらえた、きらびやかなセレモニーが催されたのであろう。この漆器は、そんな情景をちょっと感じさせてくれる物的証拠の一つなのかもしれない。

◉——それぞれの武家屋敷の朱漆器椀（根来塗という朱漆器）

さて、中世から近世初頭期にかけての漆器を代表するものの一つに、当時、比叡山や高野山・本願寺などと並んで大きな勢力を誇った「根来寺」という大伽藍の名を冠した「根来塗」もしくは「根来手」と呼ばれる朱漆器類がある。

これらは東大寺をはじめとする寺社什器や、『酒飯論』などの絵巻物の食事風景にも描かれるように、堅牢で実用性に富んだ内外面を朱漆で地塗りする朱漆器である（図10）。このルーツはすでに平安時代の書物である『延喜式』にもみられ、平安京の官営工房で作成され、朝廷内の天皇や公家、京都の有力な寺社の什器として供給されていたことが知られる。その後、中世になると、官営工房から東大寺や根来寺などの寺社に工房の中心は移行し、多くの実用性もしくは機能性を重視した食器や仏具が作られたようである。

清洲城下町遺跡からも、小皿類や飯・汁椀といった飲食器としての朱漆器類が数多く見つかっている（図9—②）。これら朱漆器類を調査した結果、多くは漆工史の分野で言われるような、機能性を重視して、飾りを廃した実用本位で堅牢な素地からなる地塗りの朱漆器（器面の一部に黒漆や透漆を併用する場合もある）であった。すなわち、これらの基本的な材質・技法は、①狂いが少なく堅牢で薄くろくろ挽きできるケヤキ材を中心とした用材を木胎に用い、②本地や本堅地と呼ばれるサビ下地を施す。③さらに堅牢性を追及するために縁部分などに布着せ補強を行う。④地の漆塗りは、下塗りの黒漆を数回塗り重ね、その上に朱（赤色硫化水銀 HgS）を用いた漆を塗り立て（花塗もしくは塗り放し）するといったものである。ところがその一方で、見た目はほとんど変わらない漆器でも、やや狂いは大きいが量産に向くトチノキ材・炭粉下地・ベンガラ漆など、簡便な材質・技法を有する資料も結構多く含まれていた。当然、一層塗りよりは多層塗りを施した漆器

図10　上級武家屋敷内の調理と食事風景
（『酒飯論』三時知恩寺所蔵、『日本の料理』淡交社1996）

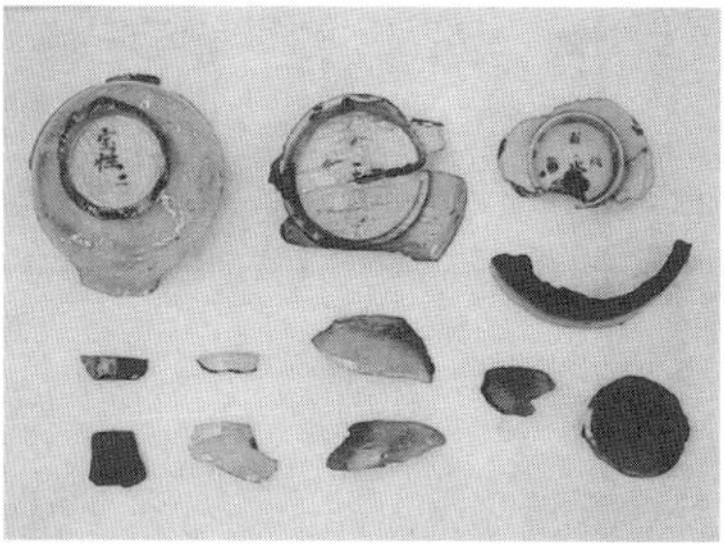

朱漆器系の赤い漆器椀

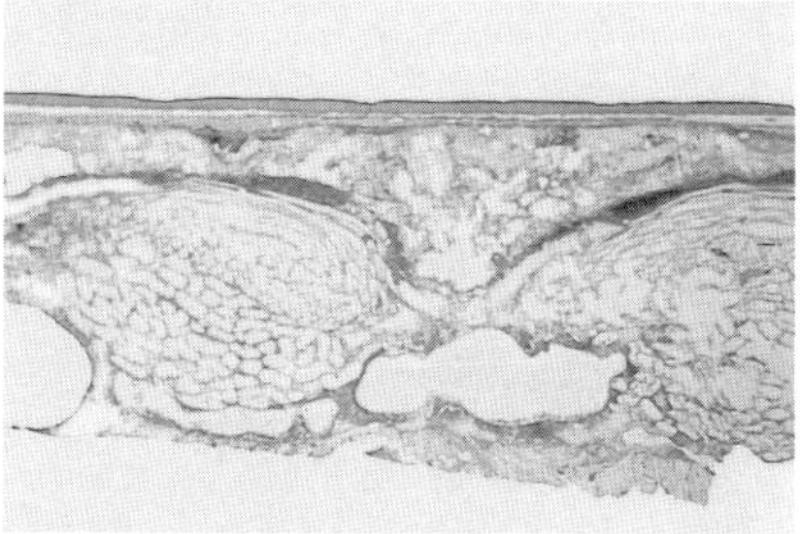

同左の漆塗り構造（×50）

ベンガラ漆器系の赤い漆器椀

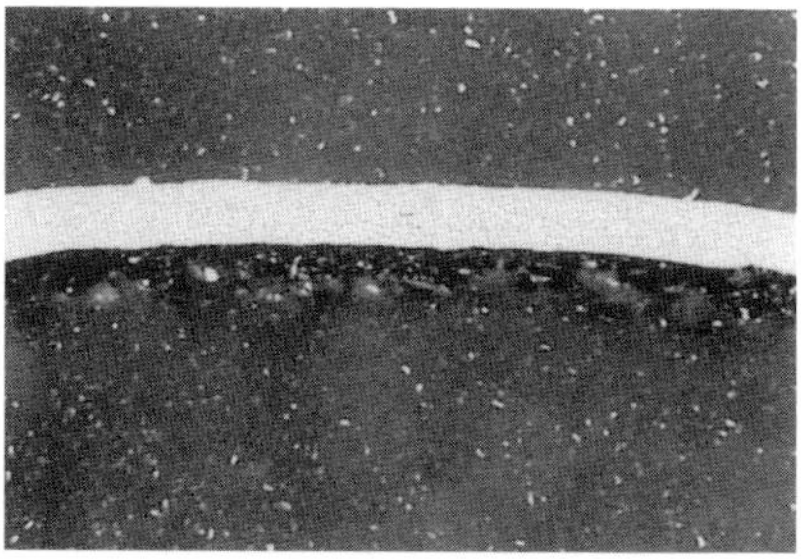

同左の漆塗り構造（×100）

写真15

の方が、炭粉下地よりはサビ下地のほうが、ベンガラ漆より朱漆の方が、トチノキ材よりはケヤキ材の方が、品質的には良いものである。

見た目は変わらない、もしくは華美な漆器でも、漆を塗ってしまえば材質・技法は手抜き、もしくは安い材料を使っても、それなりの姿にはなる。しかし、このような生産技術の品質の違いは、当然、漆器を作るときや手に入れるときの価格にも反映されるであろうし、何よりも使っているうちに、木胎部の狂いや割れ、漆膜のはがれなどでばれてしまう。漆器を考古学する面白さは、見た目と実体のギャップ、すなわち材質・技法の調査から、こともあろうにこれを使った人の経済状態（すなわち台所勘定）までもが見えるところにある（写真15）。

◉――大ぶりの漆器椀はどのような食事に供されたか？

今も昔も考古学研究の基本中の基本は、土器や陶磁器など遺跡から出土した遺物のプロポーションを調査することである。器型分類作業によって出土遺物のプロポーションをグルーピングすることは、時と場所によって異なるこれらを使用した過去の人々の生活や文化、さらには政治・経済といった地域間交流のあり方を推測する上で、大切な基礎作業である。

清洲城下町遺跡や福井の一乗谷遺跡などに代表される戦国時代から江戸時代初頭期にかけての出土漆器椀の特徴の一つに、高台が高く、ちょうど今日の飲食店で天丼や親子丼などを盛り付ける丼鉢椀くらいの容量があるずいぶんと大ぶりなタイプの漆器椀がある（図9―③）。このような大ぶりの漆器椀タイプの器は、江戸時代中期以降はほとんどみられなくなり、今日の御飯茶碗や味噌汁椀くらいの容量の漆器椀が主流になる。

それでは、大ぶりの漆器椀はどのような食事に使用したのであろうか。室町時代後期の京都において、公家衆や上級武家・僧侶たちが記録した日記類に目を通すと、彼らはお互いの親睦を深めるために「汁講」という具の多い味噌汁を食する宴会をずいぶん行っている。今日でもひなびた民宿では、皆で食べる囲炉裏を囲んでの鍋物や具たくさんの味噌仕立ての雑炊系の食事は、コミュニケーションの場としても大変人気があるそうである。そういえば、戦国時代を舞台にした

図11　本膳形式による振舞食の一例（『精進献立食』東京都中央図書館所蔵）

宮崎駿監督のヒットアニメーション映画『もののけ姫』でも、主人公らが鉄鍋で味噌仕立ての雑炊系の食事を、大ぶりの漆器椀一つで食べているシーンがあった。もっとも、この食事風景は、満腹感を得るためには雑炊系の食事を選択するという当時の庶民の実質的な姿を反映したシーンではあるが。

いずれにしても、今日の基本的な和食スタイルである個々人に食事が配膳される「飯・汁・菜」系の食事、すなわち飯椀・味噌汁椀・菜椀もしくは皿を食器のワンセットとする食事形態が、町中を中心にそれまでの武家や寺院以外の一般庶民にも浸透したのは、ずっと時代が下って江戸時代中期以降といわれる。「飯・汁・菜」タイプの食事形態といえば、一汁一菜を旨とした千利休のわびさびの茶の湯に供せられる茶懐石料理にルーツを求める向きもある。茶の湯が地方にも広く普及した元禄年代以降、それまで上流武家階級を中心に行われていた小笠原流の儀式スタイル（図11）が地方にも広く浸透したこととも関連して、今日の個々人に配膳されるような和食形態は広く一般にも定着していったのであろう。おおぶりの漆器椀を使っていた清洲城下町遺跡の人々の食事形態は、コミュニケーション重視の「汁講」などの宴会食が多かったためであろうか、それとも、たんに満腹感を得るために雑炊系の食事を重視した結果か？

第三章　名古屋城下町の漆器事情

◉——尾張名古屋は城で持つ

「尾張名古屋は城で持つ」と繁栄ぶりをうたわれた名古屋城は、まさに江戸時代における御三家筆頭尾張藩徳川家の富と権力の象徴であった。このお城の天守閣の一番上で燦然と輝く金の鯱は、明治時代のパリ万博の陳列品として世界の人々をアッといわせた。第二次世界大戦の空襲では炎上してしまったものの、再建された名古屋城は現在でも名古屋の町のシンボルの一つとして多くの人々に愛され続けている。尾張徳川家のお膝元、名古屋城下町の往年の姿は、城下町絵図などでも見ることができるが、清洲城下町同様、現在までに数多くの発掘調査が行われ、多くの成果があがっている。

名古屋城下町の建設は、先の「清須越し」で清州城下町から都市機能が移転する慶長一五年（一六一〇）から始まる。名古屋城の築城には全国の有力大名が動員されたが、加藤清正の石垣運搬などは有名な逸話である。さぞや町も賑わったことであろう（図12）。名古屋城下町が全国的にも有数の文化・経済の中心地になるきっかけは、時代劇では暴れん坊将軍の八代吉宗と尾張徳川家宗春のライバル争いから。名古屋城下町の歴史は逸話に事欠かない。

さて、漆器が出土した名古屋城下町関連の近世遺跡には、上級武家屋敷跡である名古屋城三の丸遺跡、中・下級武家屋敷跡および町屋跡の幅下小学校遺跡、寺院墓地跡である建中寺旧境内などがある（図13）。それでは、それぞれの漆器の特徴を見ていこう。

図12　名古屋城下町のにぎわい
（『名古屋城築城図屏風』名古屋市博物館所蔵）

図13　調査対象遺跡の発掘地点（『名古屋城下図』）
〔万治年間（1658–61）作成。延宝年間（1673–81）訂正の絵図〕

◉——名古屋城下町遺跡の出土漆器（その一、上級武家地）

上級武家屋敷跡である名古屋城三の丸遺跡群は、名古屋市中区三の丸地内の官公庁街に所在する。この官公庁のオフィス街は、お城のすぐ近くというイメージがあるが、江戸時代の各種絵図にも上・中級武家の拝領武家屋敷が立ち並んでいた区画であった。

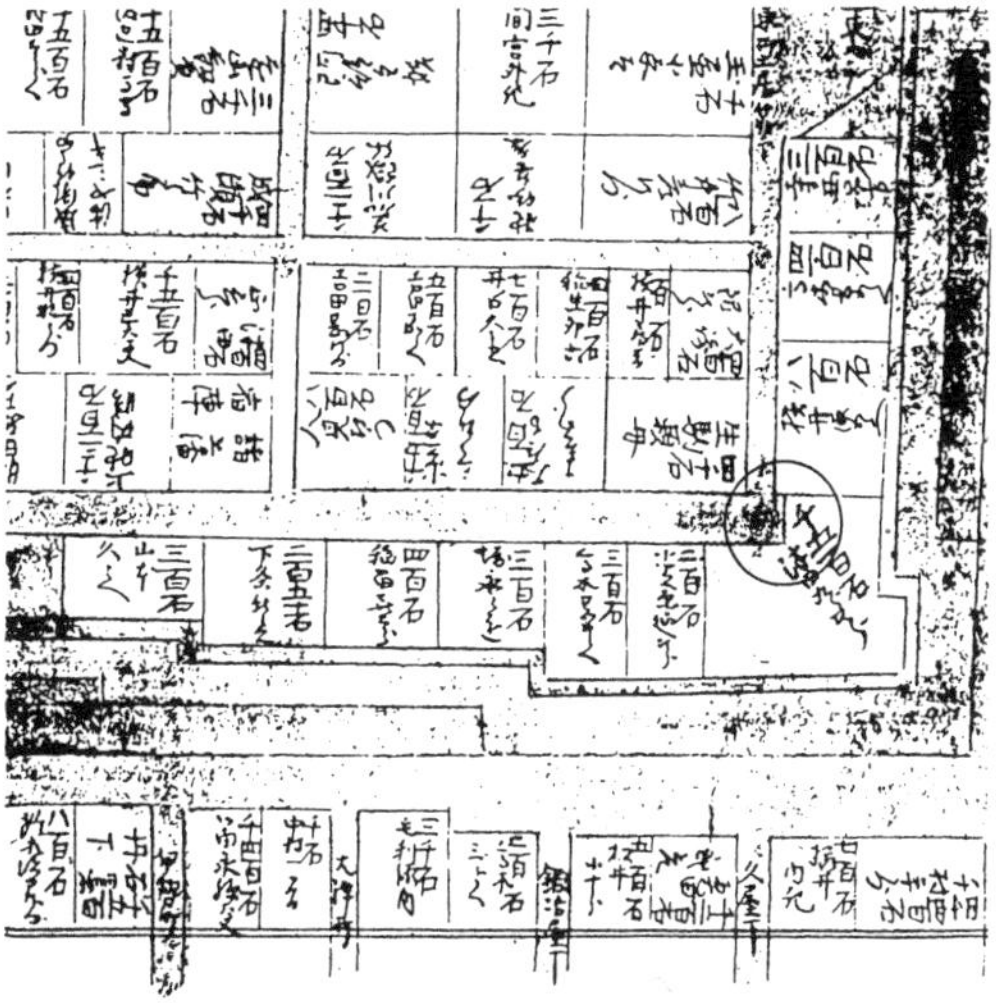

「名古屋城下図」幕末期の名古屋城三ノ丸遺跡の位置

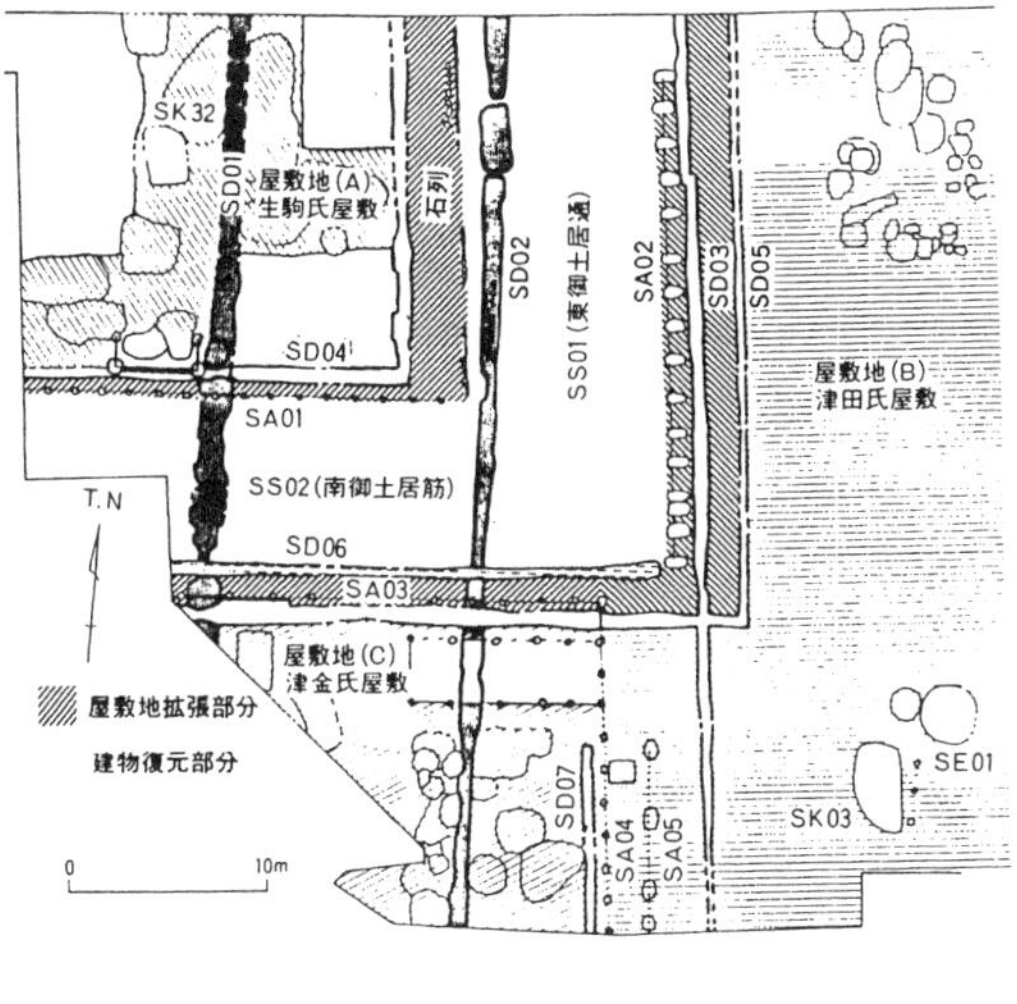

図14　名古屋城三の丸遺跡の遺構復元図
（名古屋市教育委員会『名古屋城三の丸遺跡―1・2・3次調査の概要―』1989）

写真16　幕末期の上級武家屋敷の様子（㊤津田邸・㊦竹腰邸）
（徳川林政史研究所所蔵、新人物往来社『徳川慶善・昭武・慶勝写真集』1996）

本書で取り上げる名古屋城三の丸遺跡の調査地は二地区ある。一つは、名古屋市教育委員会による発掘調査地区（市公館地点）である。絵図面と発掘調査の遺構を照合した結果、四千石取りの生駒家および千五百石取りの津田家の武家屋敷跡の縁辺部にあたることがわかった（図14）。もう一つは、愛知県埋蔵文化財センターによる発掘調査地区（県警本部地点）で、竹腰家・山澄家などの屋敷跡に該当する。ともに尾張藩家老級の上級武家地である。このうち、幕末期の津田邸や竹腰邸の屋敷の様子は、江戸の尾張藩市ヶ谷邸などとともに当時ヨーロッパから伝わった最先端技術である写真に収められており、現在でも往年の姿をしのぶことができる（写真16）。

名古屋市教育委員会の発掘調査では、ゴミ穴と考えられる土壙跡・井戸跡とともに石列や溝跡などの建物関連遺構が検出された。漆器は、墨書木札や江戸時代後期から幕末期に年代が比定さ

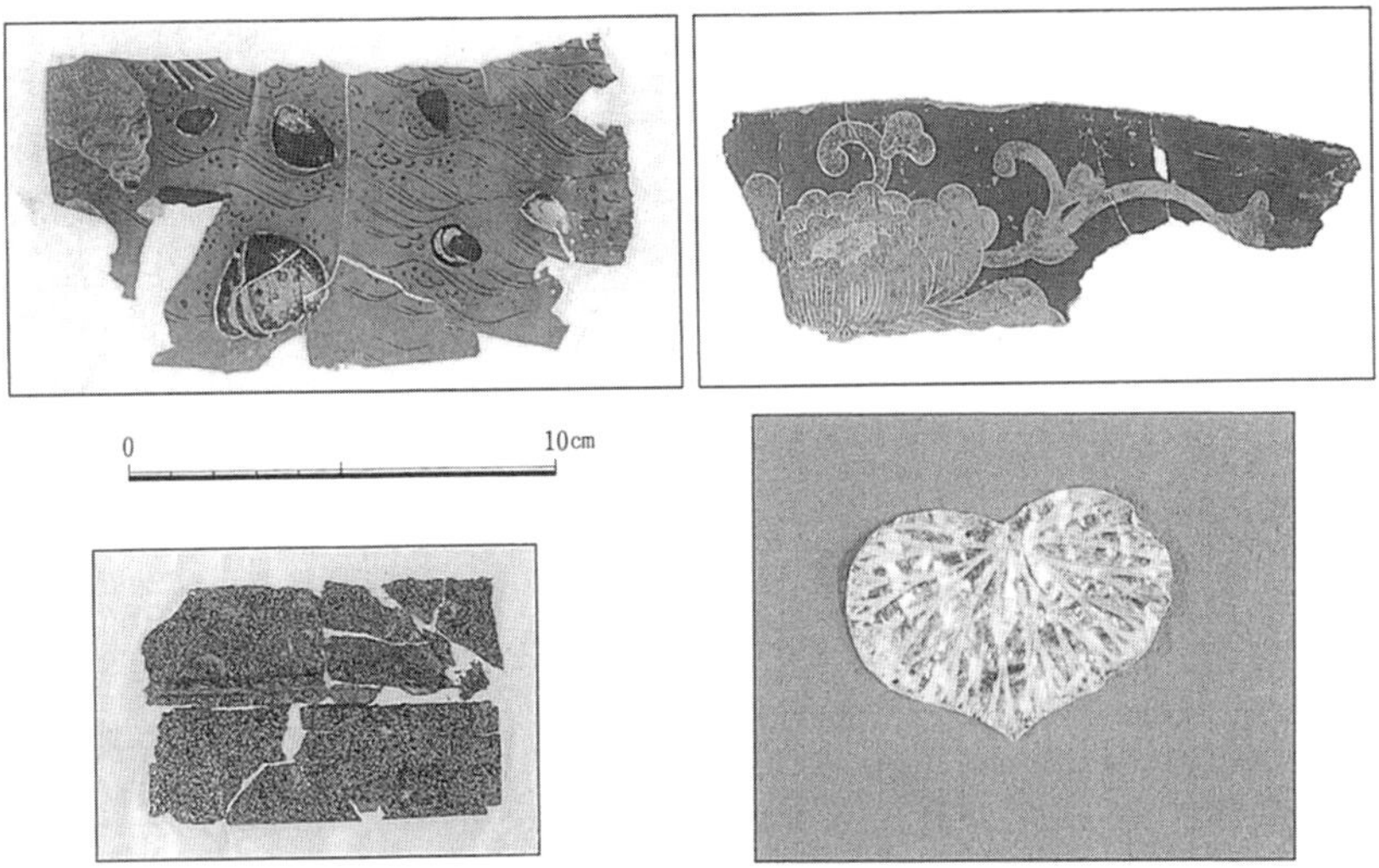

写真17　名古屋城三の丸遺跡出土の蒔絵・梨子地漆器
（愛知県埋蔵文化財センター『名古屋城三の丸遺跡Ⅳ』1993）

れる大量の瀬戸美濃系の陶磁器類、名古屋城下町で幕末期に作成された「豊楽焼」と呼ばれる軟質陶胎漆器や各種木製品とともに、飯椀や汁椀・蓋などが三十五点出土した。一方、愛知県埋蔵文化財センターの発掘調査では、建物跡・柵および石列とともに井戸・廃棄土壙が多数検出された。漆器は、残存状況はあまり良好ではなく木胎部が失われた漆塗膜面のみの資料が大半であるが、十七世紀後半から十八世紀代を中心とした四期に区分される資料が各種木製品とともに合計三二五点出土した。この中には、優美な蒔絵や梨子地などが施された漆器も多い（写真17）。また漆器ではないが、葵御紋金箔飾金具の破片も一点発見されている。

さて、お城の本丸御殿や二の丸御殿、江戸表の大名屋敷（藩邸）は、藩主の私的な御殿エリアであるとともに、公的な政治の中枢である藩役所にも相当する。そのため、邸内には多くの役付き武士や奉公人が出入りしている。江戸表の藩邸内では、単身赴任の勤番武士の居住区域（長屋等の詰人エリア）も屋敷内面積の多くを占有していた。それに比較して、城下町の武家屋敷は、武家家族のプライベートな私邸的色彩が濃い。さらには身分・家格の関係からも、家臣団の詰人数も決して多いわけでもない。そうなると、遺跡から出土する遺物は、これらを使用し、さらには投棄した武家家族自身の性格（生活様式）、すなわち彼らの経済状態や嗜好性を比較的ストレートに反映する可能性が高い。その点では、上級武家の裕福な財政力を背景として、どちらかといえば良好な品質の漆器が多く出土したことは、おおむねこの傾向を反映したものであろう。

◉――名古屋城下町遺跡の出土漆器（その二、中・下級武家地と町屋跡）

本書では、幅下小学校遺跡を取り上げる。この遺跡は、現在の名古屋市西区幅下一丁目付近に所在する。ここは、南鷹匠町・戸田町・堀詰町を含んだエリアであり、城の西側に接する武家屋敷群と、幾筋もの整然と巡らされた水路で区画された町人地が隣接していた地区である。

発掘調査は名古屋市教育委員会によって行われ、城下町絵図では「貞養院」と記された寺院跡の石垣部分と、素掘りの肩や一部石組を持つ東西・南北の溝状遺構が検出された（図15）。この溝状遺構からは、十八世紀代を中心として十七世紀から十九世紀中頃の幕末期に至る江戸時代全般におよぶ大量の陶磁器類や木製品が見つかった。この水路を挟んで、中・小武家地と町屋地が隣接しており、それぞれの調査区からは漆器椀が破片を含め合計四十二点出土した。飯椀・汁椀・

蓋類が多いが、どれも量産型の実用漆器と考えられ、両者には見た目の違いは認められなかった。

ここで少し、近世出土漆器椀では大多数を占める、規格性が強い量産普及品タイプの漆工技術をチェックしておこう。

まず、木胎部の用材選択性。江戸時代の椀木地の入手量や値段をまとめてみると、ブナ・ケヤ

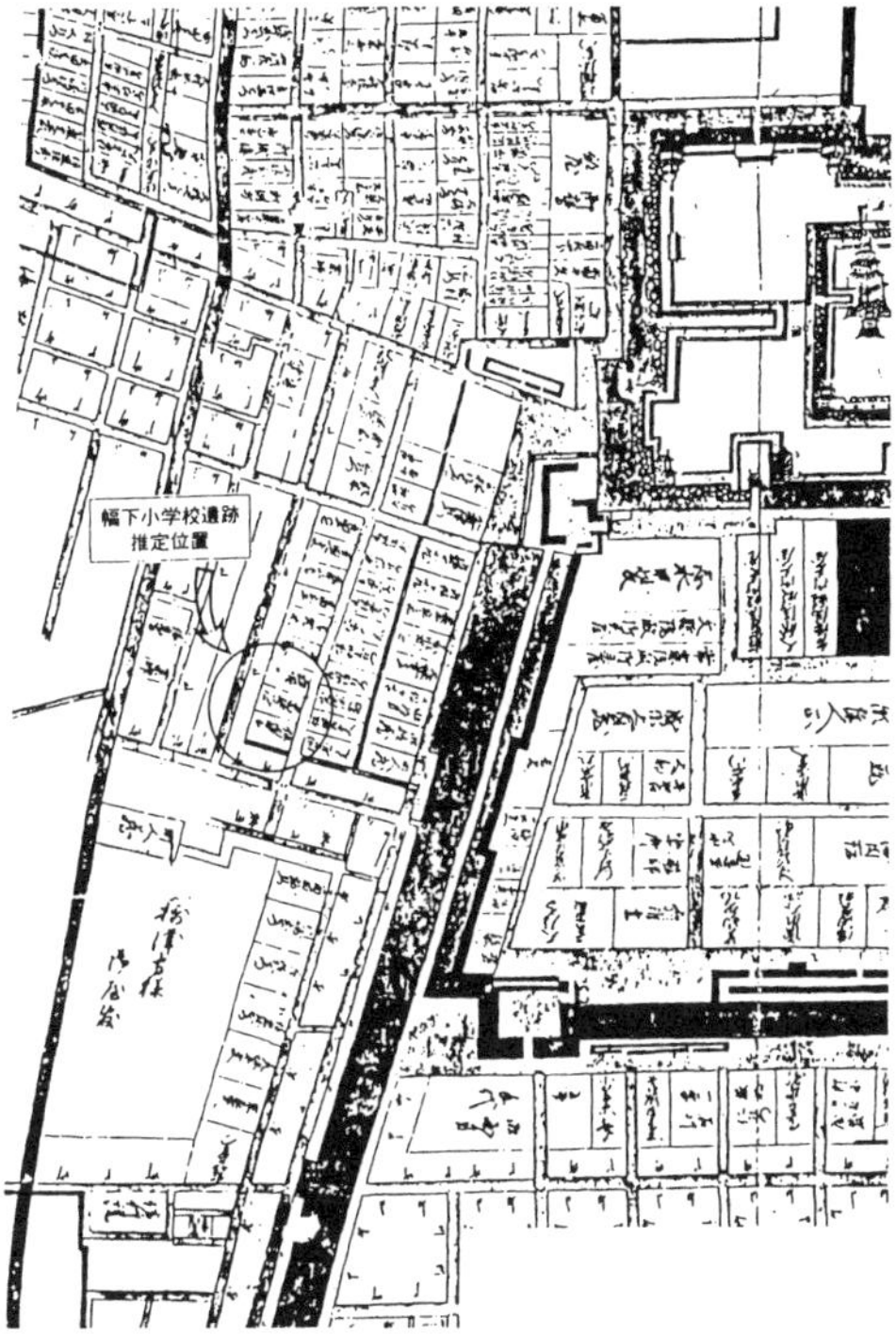

「名古屋図」享保18年（1733）頃の幅下小学校遺跡の位置

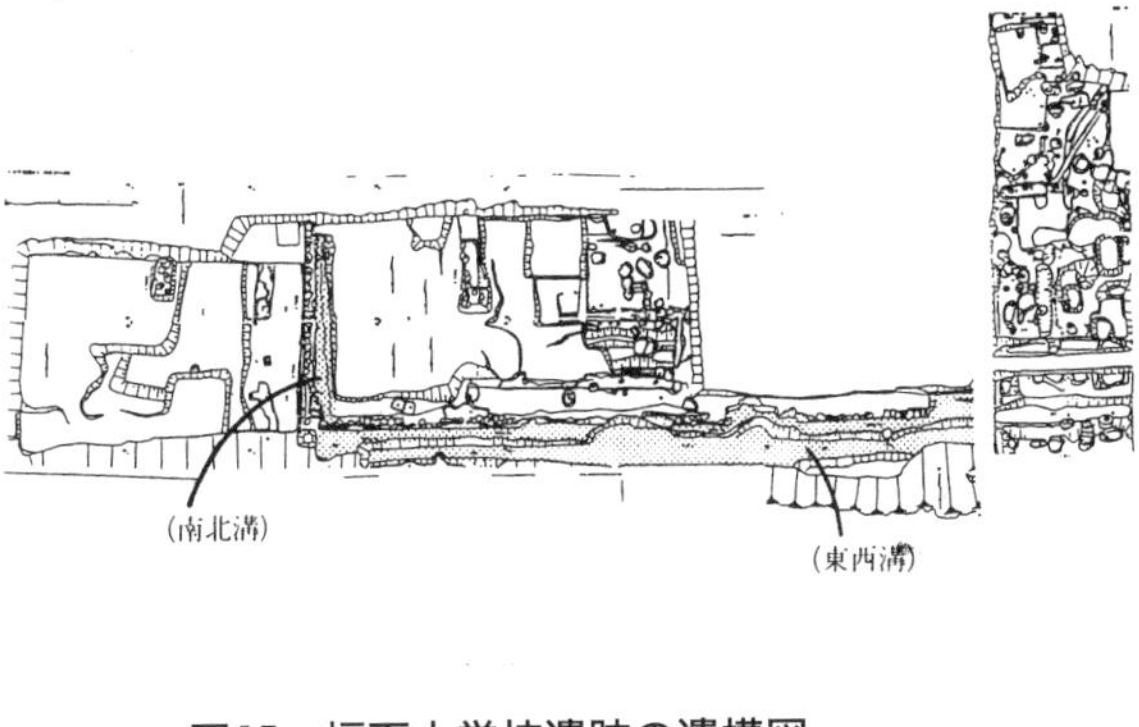

図15　幅下小学校遺跡の遺構図
（名古屋市教育委員会『第Ⅲ次幅下小学校発掘調査概要報告書』1982）

キ・トチノキの三つの材が多用されている。このうち、やや寸法安定性に欠けるが加工や入手の容易さから、もっとも一般的なブナ材は、大量生産に向く廉価な量産規格型の普及品として、広く使用されていた。一方、堅牢で寸法安定性が高く、薄く挽けるケヤキ材は、高価な奢侈品に用いられている。両者の中間的な漆器には、ブナ材よりやや肌理が細かく緻密な木肌をもつトチノキ材が使用されるということになろうか。

次に、漆塗り技術と下地の問題。このあり方を示す民俗事例の一つに、新潟県糸魚川市大所の小椋丈助氏による近世木地師の漆器椀生産に関する口承資料がある。それによると、[上品]布着せ補強（椀の欠け易い縁や糸じりに麻布を巻く）～サビ下地（砥の粉を生漆に混ぜたサビを二回塗布）～下塗り（生漆）～上塗り（生漆に赤色系顔料もしくは黒色系顔料を混ぜた赤色系漆もしくは黒漆）の工程をふみ、人一代は持つ堅牢なもの。[下品]炭粉下地（柳や松煙を柿渋に混ぜて用いるサビ下地の代用下地）～上塗り（生漆の使用量を節約するために偽漆である不純物を多く混入している粗悪な漆）。[中品]下品とほぼ同様の工程をふむが上塗りの漆を濃く塗布したりミガキをていねいにしたりする、下品よりかなり持ちが良い、などとしており、各漆器ランク別の工程をよく示している。この点からも、近世出土漆器の大半は、中品もしくは下品といった、きわめて実用的で一般的な漆器のグループに属していることがよくわかる。また、近世漆器の赤色系漆では、近世初頭ではそのほとんどが朱漆であるのに比較して、十七世紀中期以降では圧倒的にベンガラ漆が多用されている。この背景には、江戸時代中期以降に、人造ベンガラの大量生産化が技術的に可能になり、その価格が廉価となったということがある。一方、朱は幕府朱座を中心とした統制物資に指定されたため、高価で、入手がきわめて困難となり、その結果江戸時代後期には原材料の価格は、ベンガラと朱の間に約三十倍以上の差があったようである。

いずれにしても、筆者による分析調査の結果、ブナやトチノキ材の横木地を木胎部に使用し、炭粉下地に内面にはベンガラ漆を、外面には透明感のある上塗り漆を一層程度塗布する。資料によっては、銀もしくは錫蒔絵の家紋や絵柄を施すといった規格性のある普及品の漆器が、全国的に見ても近世出土漆器の大半を占める。武家地と町屋跡で出土した漆器椀を比較してみても、両者の組成はあまり変わらなかった（図16）。たとえ下町の裏長屋のように決して裕福でない人たちの生活什器である漆器についても、そうなのである（カラー口絵2）。

それでは、なぜ貧富の差があるにも関わらず彼らはこのような規格性のある漆器を調達することができたのだろうか。そのヒントは、小野仙右衛門直方という江戸在住の直参御家人（百～二百俵取り、徒士《かち》）が残した『官符御沙汰略記』という日記にある。彼は、江戸時代中期頃の延享二年（一七四五）から安永二年（一七七三）にかけて、日々の生活の内容を事細かに記録した。それによると、接客用の飲食器や婿入り・婚礼道具などを購入する際、新品ではなく積極的に漆器の「古物買い」や「塗直し補修」などのリサイクル（再利用）システムを利用している。もち

（凡例）レーダーチャート図のみかた　～各近世遺跡から出土した漆器椀の生産技術の組成傾向の算出方法～

本書で採用した各近世遺跡から出土した漆器椀の生産技術の組成傾向の集計方法を少し紹介しよう。ここでは、まず、漆器を作る上で大切、かつ、最も代表的な８つ（Ａタイプ）もしくは９つ（Ｂタイプ）の材質・技法上の品質の優劣ランクの項目を抽出した。そして、それぞれの比率を総個体数の中で集計し、各遺跡から出土した漆器椀の分析結果の一般的な傾向がわかるように、レーダーチャート方式で図化した。

【Ａタイプ方式集計方法】　レーダー中心軸・上の項目にはそれぞれの近世遺跡から出土した漆器椀の加飾率（一括の総個体数の中で漆絵や家紋などの装飾を施した資料が占める割合）を取る。その右側に赤色系漆の使用顔料であるベンガラ・炭粉下地・ブナ材などの、いわゆる廉価で簡素な量産型漆器資料の材質・技法の特徴をとる。それと相対する左側には、赤色系漆の使用顔料である朱・サビ下地・ケヤキ材などの優品資料の特徴を示す項目をとる。さらに中心軸・下にはケヤキ材とブナ材の中間に位置するトチノキ材の占有比率（％）をそれぞれ配置した。この配置で示されるレーダーチャートは、その重点が右に寄るほどランク的に廉価な資料が多いことを、左に寄るほど優品資料の占める割合が高いことを示す。

【Ｂタイプ方式集計方法】　レーダー中心軸・上の項目には一括出土漆器資料の加飾率（一括の総個体数の中で漆絵や家紋などの装飾を施した資料が占める割合）を取る。その右側にベンガラ、炭粉下地、蒔絵加飾の材料である錫（Sn）粉・石黄（As_2S_3）粉などのいわゆる廉価で簡素な量産型漆器資料の材質・技法上の特徴を取り、それと相対する左側には、朱・サビ下地・金（Au）粉などの優品資料の特徴を示す項目をとる。さらに中心軸・下には金粉と代用金粉の中間に位置する銀（Ag）の占有比率（％）をそれぞれ配置した。この場合、本当の金粉を用いた優品の金蒔絵漆器と、錫や石黄粉などの代用蒔絵粉を用いた一般的な漆器、さらにはその中間のランクに位置する銀蒔絵漆器の占める割合の傾向を見るのに適しているのである。

東海地区

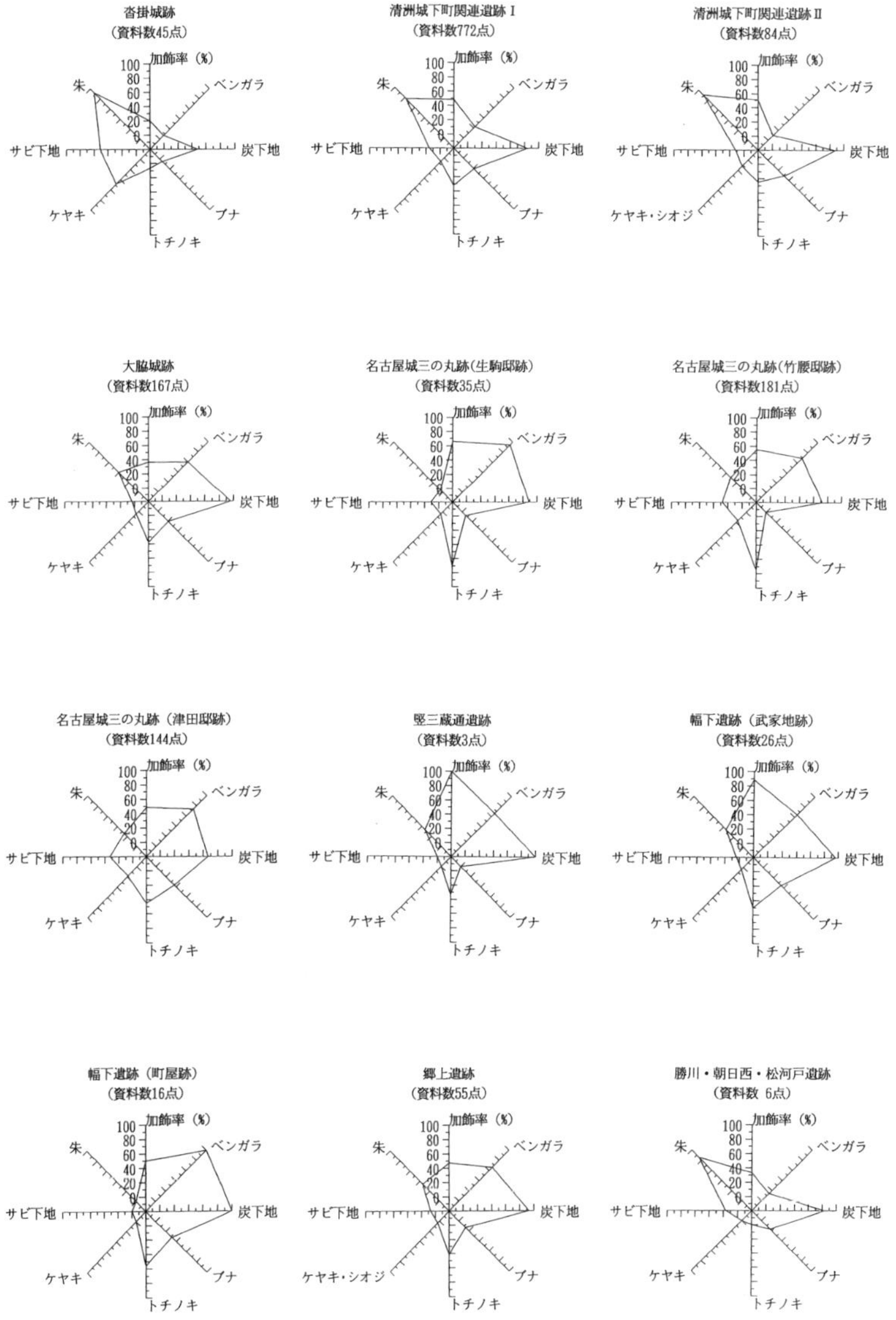

図16-1　各近世遺跡出土漆器椀の組成傾向

岩倉城跡
（資料数27点）

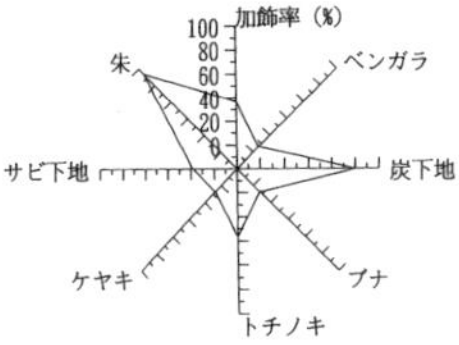

吉田城武家屋敷跡
（資料数37点）

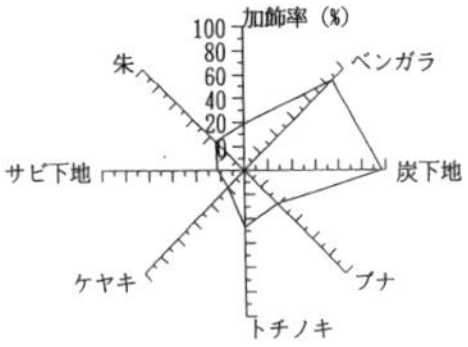

原川遺跡
（資料数16点）

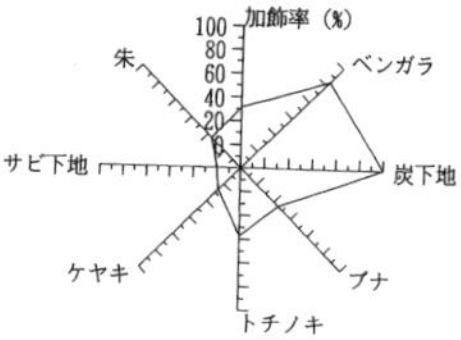

江戸市中関連遺跡

江戸城跡和田倉遺跡
（資料数43点）

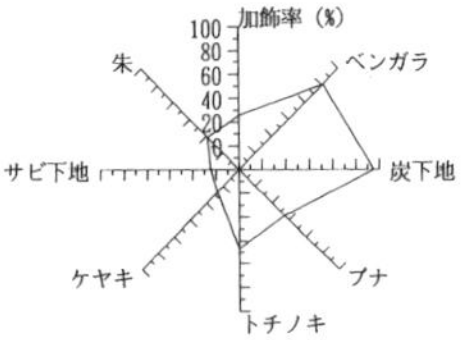

尾張藩上屋敷跡Ⅱ
（資料数451点）

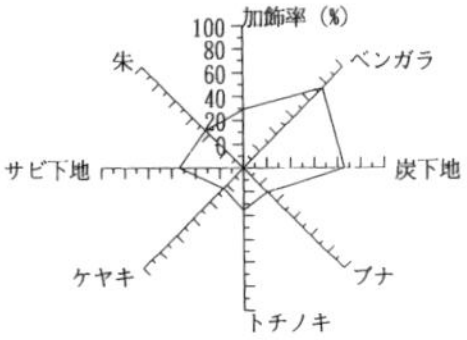

紀尾井町遺跡（尾張藩邸）
（資料数52点）

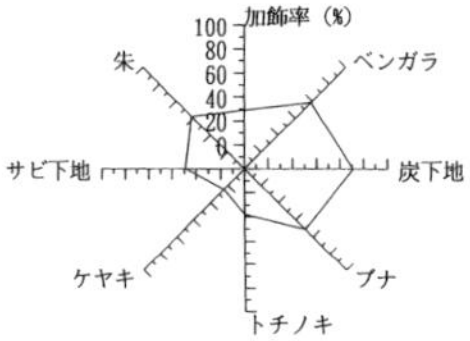

東海地区

大脇城跡
（資料数167点）

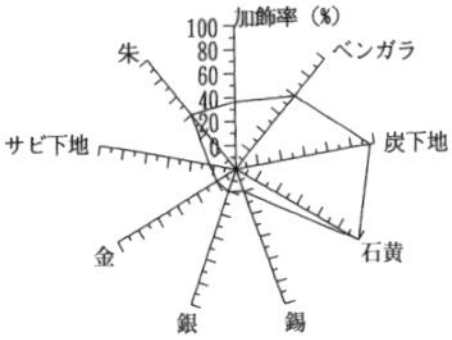

名古屋城三の丸跡（竹腰邸跡）
（資料数181点）

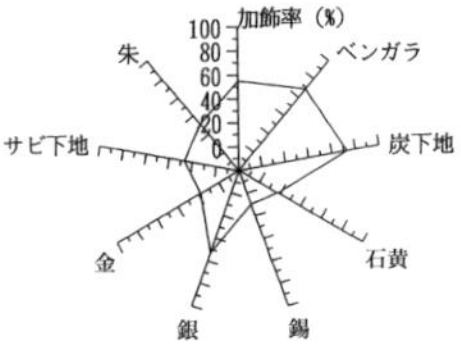

名古屋城三の丸跡（津田邸跡）
（資料数144点）

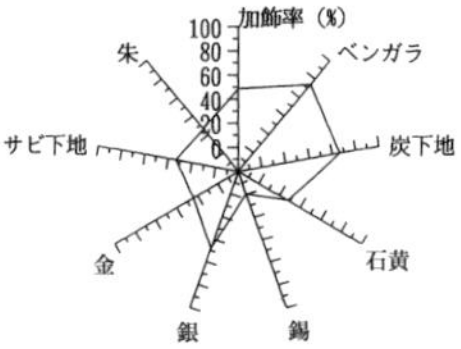

幅下遺跡（武家地跡）
（資料数26点）

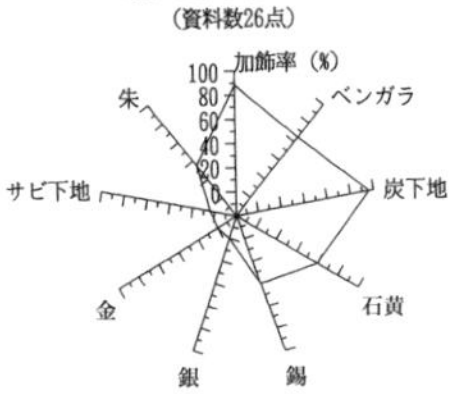

郷上遺跡
（資料数55点）

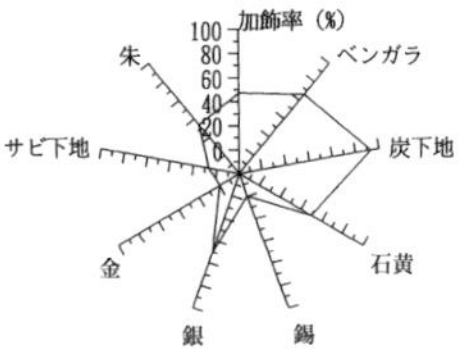

吉田城武家屋敷跡
（資料数37点）

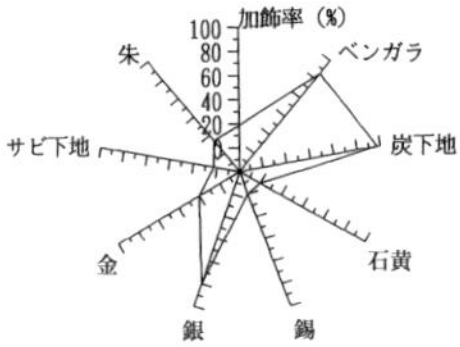

図16–2　各近世遺跡出土漆器椀の組成傾向

ろん、江戸時代の高度経済成長期であった元禄時代以降には、全国的な経済圏の発展により、江戸市中や地方の中心都市であった城下町において、十人揃や二十人揃など、多くの新品（ニューモード）の漆器が、各種販売ルートによって数多くもたらされていた。一方で、訳あり商品の単品売り（いわゆるばら売り）や、破損した漆器の修理屋、さらには中古品の回収と販売を取り扱う業者（古椀買い人）も、活発な商売活動を行っていたのである。この背景には、都市域における外食産業の発展や、商家・農家の住み込み従業員用のコンパクトな箱膳タイプの飲食器セットの出現が、量産タイプで規格性がある普及品の食器を市中に出回らす要因となったのであろう。豊かでない庶民であればこそ、より一層、たくましくも積極的にこのような商品のリサイクルシステムを利用したのであろう。

◉――名古屋城下町遺跡の出土漆器（その三、徳川家墓所の近世墓）

遺物とそれを所有していた人との関連性がもっともわかりやすいものに、墓地の副葬品がある。洋の東西を問わず、ツタンカーメン王の黄金マスク、マヤやインカ文明の黄金製品、日本でも黒塚古墳出土の三角縁神獣鏡や藤ノ木古墳の刀剣類など、ピラミッドや古墳から発見される数々の副葬品は、もっとも人気の高いものであり、我々に夢とロマンを与えてくれる。

さて、名古屋城下町関連の近世遺跡群のうち、このような墓地から漆器もしくは漆製品が発見された遺跡として、建中寺旧境内遺跡がある。ここは、名古屋城から東方約三キロの城下町の北東境近くの名古屋市東区筒井一丁目に所在し、慶安四年（一六五一）に尾張藩二代藩主徳川光友が尾張徳川家菩提寺として創建した建中寺の旧境内にあたる。現在、境内墓所の歴代尾張藩主らの廟所は、すべて瀬戸市定光寺に移転しているため、大名諸道具と呼ばれるような各種什器類の副葬品はもちろん残されていない。ところが、移転対象とならなかった墓地地下施設の木郭部分が、二〇〇一年に当該地区周辺の建設工事中に偶然発見され、名古屋市教育委員会による緊急の立ち会い調査が行われた。

調査の結果、尾張藩第十一代藩主徳川斉温（一八一九－一八三九）と、尾張藩第八代藩主徳川宗勝の孫、九代宗睦の養子となる徳川勇丸（一七九二－一七九五）の三重木郭がそれぞれ確認され、いずれも内面は布張りを施す下地に黒色系漆が塗布されていた。この漆製品を調査した結果、双方さすがに尾張徳川家の墓所であるだけに、ていねいな作りである。ところが、斉温墓所では、木郭材の上に、①絹の布着せ補強、②泥下地、③三層の塗り重ね上塗り漆がなされていたが、勇丸墓所では、①木綿の布着せ補強、②泥下地、③一層の上塗り漆であった。この違いは年代の違いか、墓地を作る際の緊急度の違いか、はたまた尾張藩主と、養子となったばかりの幼児の違いか？

第四章　江戸表の尾張藩出張所・尾張藩邸の漆器事情

◉——尾張藩上屋敷（市ヶ谷邸）跡出土の蒔絵漆器

徳川将軍家のお膝元である江戸は、三代将軍家光が諸大名に江戸参府制定（一六三五）を義務づけて以降、全国諸藩の勤番武士や商・職人などの人口集中が進み、江戸時代中期頃にはおよそ百万人以上の世界有数の大都市となった。その内訳は、町人地内に約五十万人、武家地内に約五十万人と算定され、江戸市中の総面積中では、町人地が約二〇％、寺社地が約二〇％。それに対して武家拝領地が約六〇％を占め、武家地の占有率がかなり高い。まさに江戸は、各藩の江戸出張役所であった上屋敷や下屋敷、蔵屋敷などの大名藩邸や、江戸在住である直参旗本、御家人らの武家屋敷が隣接し、諸藩から単身赴任してきた武士サラリーマンたちや幕府役人たちの巨大なサロン、もしくは情報交換の場ともなっていたのである。

さて、江戸表における尾張藩徳川家の江戸出張役所である上屋敷は、現在は自衛隊市ヶ谷駐屯地内にあたる。これは、明治維新の際に官軍が江戸に入り、まず、この尾張藩上屋敷であった市ヶ谷邸に本営を置いたことが、その由来である（写真18）。近年、市ヶ谷駐屯地の建築物建替えに伴

写真18　幕末期の尾張藩市ヶ谷邸の様子
（徳川林政史研究所所蔵、新人物往来社
『徳川慶善・昭武・慶勝写真集』1996）

い、東京都埋蔵文化財センターによる事前の発掘調査が行われた。その結果、尾張藩拝領武家屋敷である市ヶ谷邸関連の遺構と遺物が大量に出土し、漆器も含まれていた。

これらの分析調査の結果、市ヶ谷藩邸跡出土漆器は、発掘調査地区ごとに異なる傾向が認められた。特に御主殿エリアから出土した漆器は、勤番武家の宿舎であった長屋エリアや、同じ江戸表の尾張藩蔵屋敷である麹町邸跡、さらには他の一般武家屋敷跡から出土したひとくくりの資料群とは異なり、何回か上塗り漆を塗り重ねた質の良いぜいたく品や金が用いられた蒔絵漆器の割合が高かった。一方で、長屋エリアの一角からは、一般的な飯・汁の漆器椀とともに、漆塗膜のみではあるものの、なんと徳川家家紋である「三葉葵」が金や銀で蒔絵飾りされた漆器の破片がまとまって出土したのである（写真19）。このなかには、明らかに什器を廃棄する際に「三葉葵」の御紋を意図的に消そうとした痕跡が確認される漆器も何点か含まれていた。「葵の御紋」と言ったら、なんといっても時代劇の「水戸黄門」。御紋入りの印籠を突き付けると悪人も善人もみんな平伏してしまう、あのシーンを思い浮かべる方もあろう。やはり、「葵の御紋」の威力は絶大だか

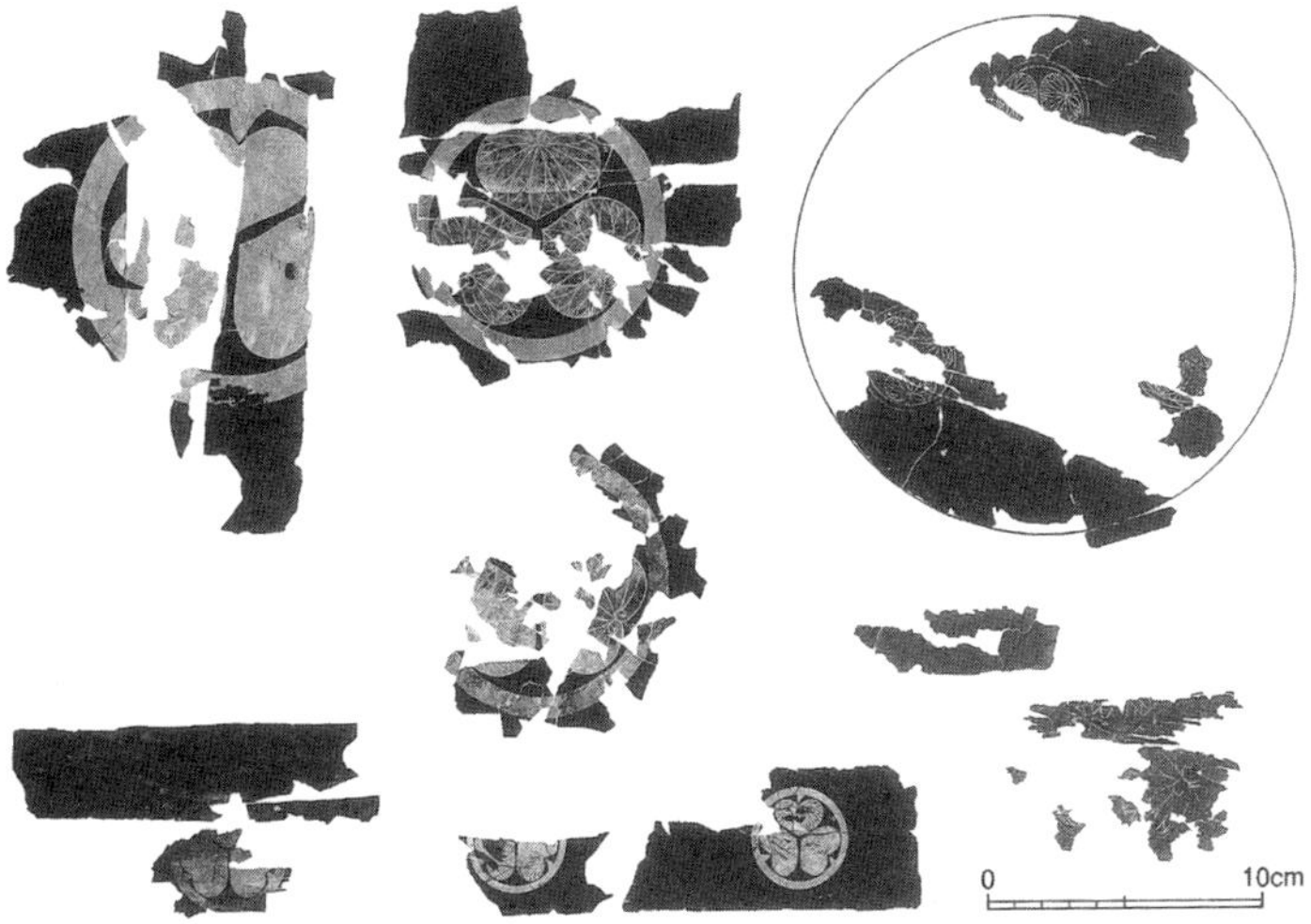

写真19　尾張藩上屋敷（市ヶ谷邸）跡出土の三葉葵御紋付蒔絵漆器
（東京都埋蔵文化財センター『尾張藩上屋敷跡』）

らこそ、廃棄に際して御紋を削りとったのであろうか。それとも、たんに金は高価だからか？

◉――金の蒔絵漆器が他の一般遺跡より多いわけ

蒔絵や梨子地加飾を施した漆器といえば、みなさんはそのまま華麗な、そして高価な漆器というイメージを持たれるであろう。事実、金そのものを使用した漆器は高価であるが、華麗な蒔絵で飾られた漆器には、銀や錫粉といった代用蒔絵粉を用いた漆器も登場する。銀や錫の金属粉をどうやって金蒔絵に似せることができるかというと、銀色の粉の表面に飴色の漆がかかるとニス効果で金色にみえるというわけである。

湯ノ山温泉の玄関口にあたる三重県菰野町には、伊勢菰野藩土方家の菩提寺である見性寺という古刹がある。筆者は以前『見性寺文書』という、この寺に残された江戸時代の古文書類を見る機会を得た。ふと目にとまった古文書のなかに、見性寺が伊勢桑名の塗物商「ぬし與」に提出させた見積価格書が一通あった。それによると、金・銀・錫蒔絵粉別の蒔絵漆器の相対価格比率は、約18：6：1であった。これに、寛延四年（一七五一）の『名古屋諸色直段集、寛延四未年小買物諸色直段帳』にみられるサビ下地を施す布着せ蝋色塗（上品）：炭粉下地の常溜塗（中品）：同様の常拭漆塗（下品）の相対価格差の約51：3・4：1と算定された漆工技法別の価格一覧をあわせて考えると、大名諸道具のような、もしくは今日の私たちのイメージにある高級漆器に代表されるサビ下地～布着せ補強～蝋色地塗～金蒔絵を施した漆器が、当時でもいかに高価であったかがよくわかる。

やはり、金蒔絵は高価である。だからこそ一般には金粉以外の蒔絵漆器が登場すると考えられるが、この点については、少し補足説明がいる。寛文年間（一六六〇年代）以降、全国的な貨幣経済の発達を背景に商人たちは力をつけていく。その一方で、米が給料の基本である武家は生活基盤に翳りが見え出す。当然、裕福な町人層のなかには、ぜいたくな生活を送りたくなる者が出てくるのが人情と言うもの。淀屋辰五郎や紀伊国屋文左衛門などの豪商の話はよく知られている。しかし、これでは世の秩序が乱れる。こう考えた幕府は、奢侈禁止令（ぜいたく禁止令）をしばしば発令する。なかには、蒔絵什器の使用や調達を御下賜品を除いて基本的に上級武家以外には制限するといった命令もあったのである。それでも、華麗な蒔絵飾りのある漆器は使いたい。そこで、どうやら「金粉以外を使った蒔絵は蒔絵ではない」という読み替えができたようである。

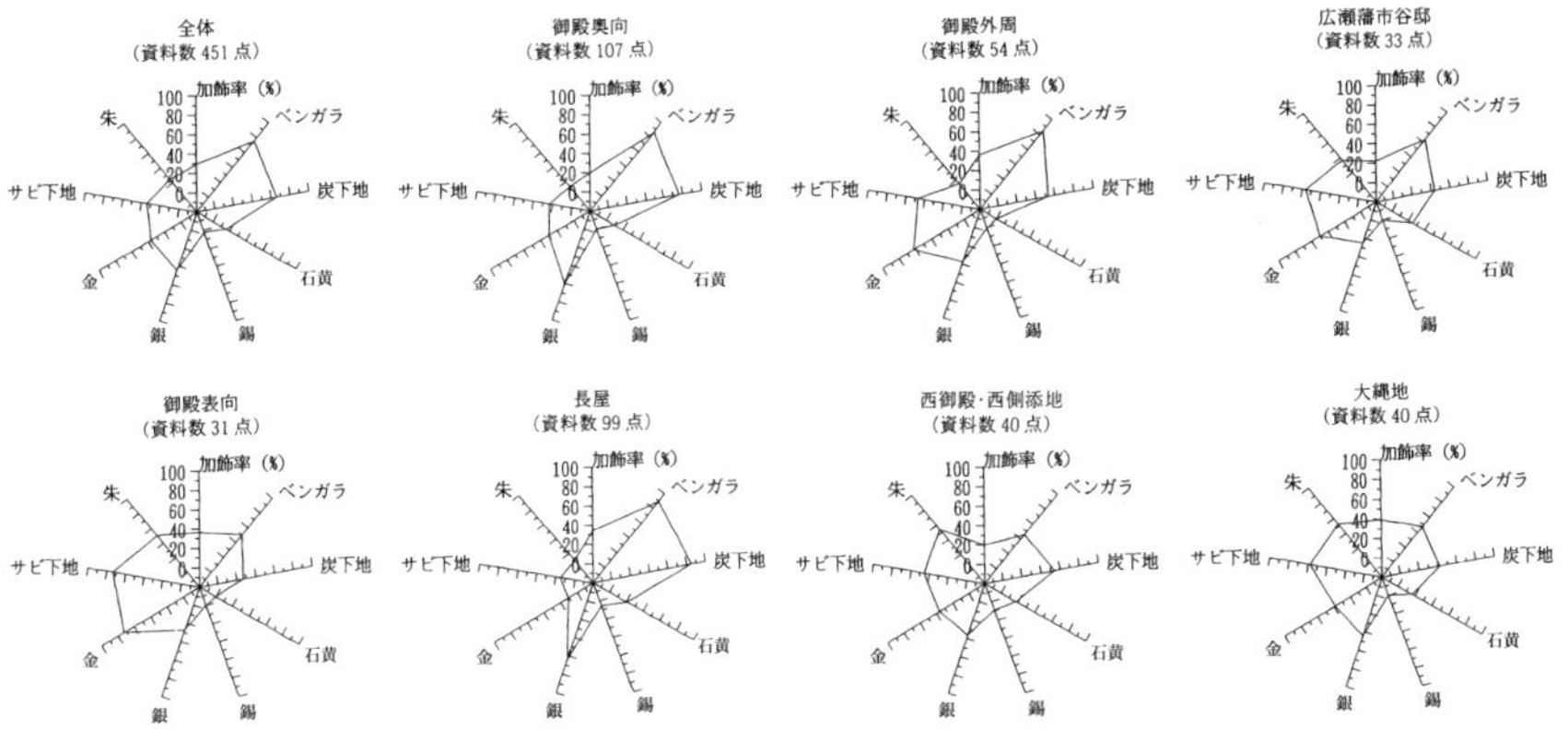

図17　市ヶ谷邸跡における地区別出土蒔絵漆器の組成傾向

事実、筆者が分析調査した出土蒔絵漆器のうち、八割から九割は金蒔絵粉そのものではなく、銀・錫・石黄粉などの代用蒔絵粉、もしくは金粉といっても銀を混ぜた青金蒔絵粉であった。

尾張藩市ヶ谷邸跡から出土した漆器には、確かに金そのものが用いられた蒔絵漆器が多く含まれていた。江戸の大名屋敷は、大名家のみならずきわめて多数の江戸勤番武士が勤務する「江戸表出張役所」であり、かれらの「官舎」でもある。今日の岡山市西部に位置する備前庭瀬藩板倉家中の公式文書には、享保二年（一七一七）の年間必要経費となる御殿女中などの使用飲食器の品目・経費が記載された定書が一通含まれている。この古文書によると、御局同並迄：上﨟衆同並迄：茶之間中居半下迄：徒巳下足軽迄といった御殿に勤務していた人々の身分別による椀代相対比率は、約9・4：5・3：1・6：1と算定された。やはり、江戸時代は身分制の時代で、身分の高い人ほど良い品質の高価な漆器椀を使ってよいことが、必要経費として認められていた額から見てとれる。

このような大名屋敷（藩邸）敷地内の土地空間の利用状況は、文献史料や絵図面などを参照すると、(1)江戸表における各藩の公的な役回りを行う建物区域、(2)私的な居住建物区域（これは大名家の江戸表における居住邸宅としての御主殿エリア・詰人等の長屋居住エリアなど身分別に細分化される）、(3)各種庭園区域・蔵物置や厩舎などの付属建物区域、(4)馬場など使用目的の有無にかかわらず存在する空閑地、など、使用目的別に区画がはっきりしている。そして、それぞれの「時」と「場所」に応じた「什器調達」や「ゴミ処理」がなされていた。

市ヶ谷邸跡には、御主殿エリアの範囲が多く含まれている。この区画から、金を用いる蒔絵漆器が多く出土した理由の一つは、主殿空間と詰人空間に代表される空間利用の違いが、漆器をはじめとする多くの出土遺物の検出状況（ゴミ処理問題も含めて）に関係しているのであろう（図17）。

◉――大名家における日常用具とハレの漆器の違いとは？

ところで、華麗な金の蒔絵漆器と言えば、私たちはやはり将軍・大名などの上級武家が調度品として用いていた「大名諸道具」と呼ばれる什器類を思い描く。とくに尾張藩徳川家の大名諸道具である蒔絵漆器の豪華さは、名古屋市の徳川美術館所蔵品などでおなじみである（写真20）。

それでは、大名家のお殿様たちは、毎日の食事をこのように豪華な蒔絵漆器の膳椀で行っていたのだろうか。確かに、時代劇ではそのような食事風景がよく登場するが、どうやら実際の彼らの日常生活では、豪華な飲食器類を使用する機会はあまり多くなかったようである。江戸時代後期頃の古文書や、幕末・明治初年頃の元将軍家や大名家に仕えた人の証言によると、徳川将軍家や大名家のような上級武家でも豪華に飾った漆器ではなく、きわめて実質的な地塗りのみの漆器膳椀をふだんの食事では用いていたこと。その品数も飯・汁・平椀もしくは皿程度の限られたものであったことを伝えている。また、平日以外の年中行事である祝儀・不祝儀の食事には家紋程度の飾りを施した漆器を行事の性格に応じて使用していたようである。以前、三河田原藩三宅家をはじめとするいくつかの大名家で日常使用の膳椀、御下賜するために作らせた大名家の家紋入りの酒盃、婚礼什器などを調査したことがある(写真21)。

調査の結果、いわゆる「大名諸道具」と呼ばれる調度品は、たしかにイメージ通りの高度な漆工技法による優れた奢侈品が多かった。ところが、御下賜品としての蒔絵漆器には、

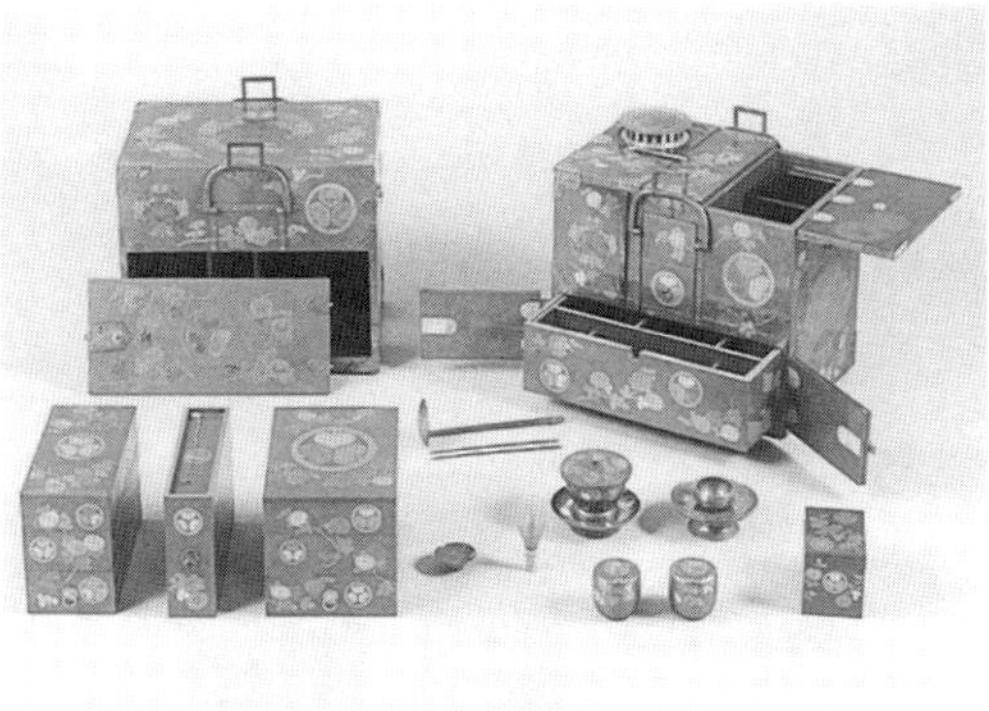

写真20　大名家（尾張藩徳川家）の嫁入道具
葵紋散蒔絵漆器
（徳川美術館『婚礼・徳川美術館蔵品録７』1991）

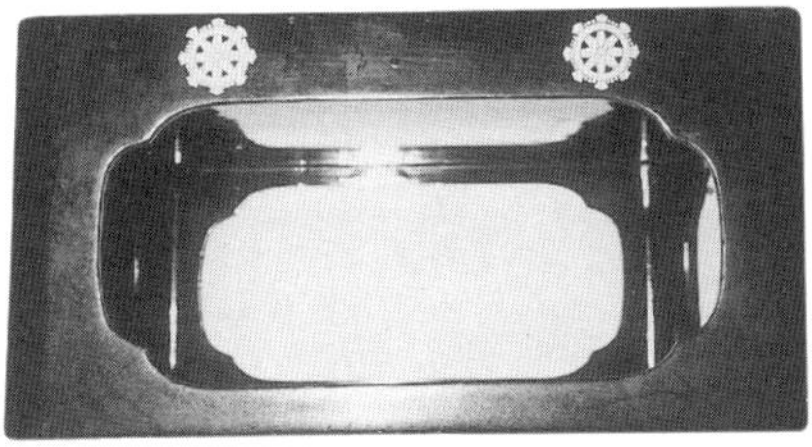

写真21　大名家（田原藩三宅家）の
普段使いの黒塗膳
（田原町教育委員会所蔵）

案外見た目の華やかさとは異なり、大名家の家紋を蒔絵飾りした部分をシールのように貼った、やや簡便で量産可能な蒔絵技法を用いた規格品をいくつか確認したことがある。さらに日常の飲食器である膳椀類にいたっては、多くのものが一般的なつくりで、塗りなおし補修を行ったものも当然存在していた。もちろん大名家には大藩も小藩もあり、それぞれのお家の「台所事情」もあろう。一概には言えないものの、案外、各大名家も、ふだんは実質的で、無駄を省いたつつましやかな生活を送っていたのかもしれない。

第五章　在郷の村方集落の漆器事情

◉――江戸時代の人口の大半は在郷の村方集落の人々

高度なハイテク技術やＩＴ関連通信システムなどの普及により、我々は、便利で高水準の科学技術大国の恩恵を受けるようになっているが、その一方で、日本人の生活風習や文化のあり方を、「コメ文化」・「ムラ社会」などと表現することがある。確かに日本の社会構造は、江戸時代はおろか、つい最近の高度経済成長期の昭和三十年代や四十年代までは、人口の多くが農村や漁村、山村などの村方（もしくは在郷）で生活していた。江戸時代には、じつに全国人口の八十％から九十％近くまでもがこの村方社会の人々であり、平成の現代社会を生きる私たちの基本的なものの考え方の根底には村方社会の精神が脈々とながれているのもうなずける。ところが本書が題材とする『近世漆器の考古学』では、在郷の村方集落の漆器事情に関する情報はあまり多くない。これは、近世考古学の主たる舞台が、都市再開発などに伴う発掘調査が活発に行われている城下町などの都市部に集中する傾向があるからである。愛知県内でも江戸時代の在郷集落の発掘調査が行われ、ある程度まとまったかたちで漆器が出土した遺跡は少ない。そのなかでは、郷上遺跡や大脇城跡（近世集落跡部分）、村方集落との結びつきが強い清洲宿場町遺跡などが代表的なものであろう。

ここではまず、江戸時代において社会階層の大半を占めてきた村方集落の人々がどのような器種と品質を有する漆器を、どのように使用し、どのような目的と方法で調達していたのか、いくつかの文献史料からみてみよう。

◉――村方集落ではどのような漆器が使われたか

一口に村方集落と言ってもその暮らしぶりはじつにさまざまである。江戸時代の村方集落には、名主もしくは庄屋、肝煎などの村方三役などの支配階級層、一般の自作農である中小の農家層、さらには「水呑み百姓」などと呼ばれた零細の小作農など多くの人々が土地に根ざした生活を行なっていた。江戸時代の村方文書とよばれる古文書類の中には彼らの食事内容がわかる『年中行事記録』がある。それによると、彼らが年間を通じて使用した基本的な飲食器は、飯・汁椀であり、これに菜（煮物など）碗としての皿もしくは平椀が付く。時には飯椀もしくは丼椀のみの簡素な食事も記録されるが、その一方で、四季おりおりの農耕儀礼や冠婚葬祭などの祝儀・不祝儀の行事の際には、猪口・なます鉢・坪椀などの品数が増える。筆者らによる在郷農家の民具調査でも、有力農家の納屋には、伝世品である江戸時代の漆器椀や国産陶磁器の小皿類が揃物として多数所蔵されていた。しかし、揃物の蓋付陶磁器碗は多くない。この点からは、婚礼食などの大規模宴会は別として、小規模で頻繁に行なわれていたであろう農耕作業に伴う振舞食の飲食器は、漆器の飯・汁椀に、陶磁器小皿の菜皿が付くという簡素な一括のセット関係が基本型であることがわかる。また、村方集落で販売された商品の値段記録である『諸色直段帳』などの品目価格リストには、「二ツごき」「三ツごき」「平おしき」「めんつ(面桶)」「茶わん」など、実用的なふだん使いの飲食器の名前が見える。そしてこれらは揃物のバラ売りや古物売り、さらには「膳椀講」などを通じて共同購入する方法などもあり、贅沢な奢侈品も支配階層にはみられるものの、これらが一般的な漆器といえる。

◉——遺跡出土の近世漆器椀

それでは、実際の村方集落関連の遺跡からは、どのような漆器が出土しているのであろう。ここでは、清洲宿場町関連遺跡や郷上遺跡などから出土した漆器をみてみる。

名古屋城下町と大垣とを結ぶ美濃街道沿いの清洲宿場町関連遺跡。ここは、『清洲宿場詳細図』によれば、旅籠一五軒、揚屋・置屋数軒ほどの小〜中規模程度の宿場町であるが、江戸時代後期〜末期頃の大量の陶磁器や少量の木製品と共に漆器は出土した。一方、郷上遺跡は、尾張と三河の国境であった矢作川中流域の右岸低地部に位置しており、戦国期〜江戸時代中期頃までは鴛鴨集落の一部に相当していた。十八世紀末段階には矢作川水害との関連性からか、台地上に集落機能は移行しており、遺跡は廃絶している。ここからは、戦国期～近世初頭段階（十六世紀後半～十七世紀前半）と江戸時代中期頃（十七世紀後半～十八世紀代）の二時期に分かれる集落屋敷跡が検出され、小～中農クラスの自作農家における実用性が高い日常生活什器の一部として漆器椀が出土した。

出土の漆器椀はいずれも、一般的な素材と簡素な技法からなる規格性がある普及品が中心であったが、それよりはやや良質な漆器、やや見場の関係からか加飾の程度が良いものの材質・技法自体は一般的な廉価品など、簡素ながらも品質はややバラエティーに富んでいた。村方社会内部における物流の豊富さの一端が反映されているのであろう。

おわりに

本書では、日本を代表する伝統工芸品の一つとして世界的にも知られていながら、残念なことに今日では、私たちの生活のなかであまり馴染みがなくなってしまった漆器をテーマに取り上げた。たしかに漆器は高価である。ところが、私たちが日常生活で使用しているプラスチック椀の姿かたちは、明らかに漆器椀を踏襲したものなのである。実際、プラスチック製品が登場する以前は、広く漆器が汁椀として使用されてきた。高価であるはずの漆器が、広く一般に使用されていたのは、どういうことなのであろう。この疑問に答えるために、尾張の近世遺跡からまとまって出土した漆器の材質・技法の分析調査と、それに関連する古文書や口承資料、民俗資料などの調査を、並行して進めてきた。

その結果、同じ漆器椀といっても、生産技術は多岐に及んでいることがわかった。すなわち、大名諸道具に代表されるような吟味された材質と堅牢で高度な製法からなる、いわゆる優品といえる高価な奢侈品から、廉価で一般的な材質と簡便な製法からなる規格性の高い量産型の普及品に至るまで、漆器の品質はさまざま。ただし、出土漆器の大多数は、後者の量産タイプの実用品であることがわかった。一例であるが、本来は高価な漆樹液も、増量剤の山芋汁や蓮根汁などの澱粉質や乾性油分などを大量に混入することにより、廉価で大量生産に向く上塗り漆を作ることが可能となる。さらには、このような規格性が高い量産タイプの普及品も、新品以外にお手ごろな中古品のリサイクルシステムがちゃんと存在していた。このことが、多くの人が漆器を入手もしくは調達し、日用品として使用できた背景であろう。当時の消費者も、自分の身の丈にあった「ものづかい」をおこなっていたようである。

このような、漆器を調達して使用し、やがては廃棄した消費者の動きの一つ一つは、あくまでも過去の事例である。しかし、それだけに留まらない。

日常生活什器の一つである近世出土漆器を通してみると、近世における彼らのある面とてもたくましい「ものづくり」と「ものづかい」のあり方が見えてくる。そして、一つひとつのエピソードからは、現代日本がかかえるいくつかの問題点さえも浮かび上がってくる。これらを知っておくことは、私たちが今後複雑な社会のなかでどうしていけばよいのかを考える上で、何かしらのヒントを与えてくれるのではないだろうか。

参考文献

杉本寿（一九六五）『木地師支配制度の研究』ミネルヴァ書房
沢口吾一（一九六六）『日本漆工の研究』美術出版社
文化庁文化財保護部編（一九七四）『木地師の習俗　民俗資料選集2』国土地理協会
荒川浩和（一九七五）『漆椀百選』光琳社
松田権六（一九七五）『うるしの話』岩波新書、岩波書店
河田貞　編（一九七六）『根来塗』日本の美術5、一二〇号、至文堂
黒川真頼・前田泰次　校注（一九七八）『増訂　工芸志料』東洋文庫２５４、平凡社
橋本鉄男（一九七九）『ろくろ　ものと人間の文化史31』法政大学出版局
半田市太郎（一九七〇）『近世漆器工業の研究』吉川弘文館
須藤護（一九八二）『日本人の生活と文化Ⅳ　暮らしの中の木器』日本観光文化研究所編、ぎょうせい
古泉弘（一九八三）『江戸を掘る』柏書房
鈴木規夫（一九八五）『漆工（中世編）』日本の美術、二三〇号、至文堂
灰野昭郎（一九八五）『漆工（近世編）』日本の美術、二三一号、至文堂
山崎剛（二〇〇一）『海を渡った日本漆器Ｉ（16・17世紀）』日本の美術、四二六号、至文堂
山岸寿治（一九八五）『漆　ぬりもの風土記――東日本編・西日本編』雄山閣
佐々木英（一九八六）『漆芸の伝統技法』理工学社
永瀬喜助（一九八六）『漆の本――天然漆の魅力を探る』研成社
梅村清春（一九八七）「清洲城下町出土の木製挽物漆器について」『昭和六一年度年報』愛知県埋蔵文化財センター
北原糸子（一九九〇）「近世考古学に望むもの――下級武家の日記の分析を通じて」『江戸のくらし』新宿歴史博物館
山本博文（一九九一）『江戸お留守居役の日記』読売新聞社
宮崎勝美・吉田伸之編（一九九四）『武家社会　空間と社会』山川出版
大阪市文化財協会（一九九四）『住友銅吹所跡発掘調査報告書』

正野雄三（一九九四）『日野椀・日野塗』近江日野商人館
鈴木正貴（一九九五）「第11章　考察、第2節　清須城下町の復元的研究（一九九五年覚書）」『清洲城下町遺跡Ⅴ・愛知県埋蔵文化財センター調査報告書第五四集』愛知県埋蔵文化財センター
中井さやか他（二〇〇〇）『江戸遺跡事典』江戸遺跡研究会編、柏書房
清洲町史編纂委員会（一九六九）『清洲町史』
愛知県埋蔵文化財センター（一九八六）『清洲城下町遺跡・年報昭和六〇年度』
清洲町教育委員会（一九八七）『清洲城下町遺跡1』
愛知県教育委員会・愛知県埋蔵文化財センター（一九八九）『清洲城下町遺跡・埋蔵文化財情報Ⅳ　昭和六二年度』
愛知県教育委員会・愛知県埋蔵文化財センター（一九九〇）『清洲城下町遺跡・埋蔵文化財情報Ⅴ　昭和六三年度』
愛知県埋蔵文化財センター（一九九〇）『廻間遺跡・愛知県埋蔵文化財センター調査報告書第一〇集』
愛知県埋蔵文化財センター（一九九〇－二〇〇三）『清洲城下町遺跡Ⅰ－Ⅷ』
愛知県埋蔵文化財センター（一九九二）『朝日西遺跡・愛知県埋蔵文化財センター調査報告書第二八集』
愛知県教育委員会・愛知県埋蔵文化財センター（一九九四）『清洲城下町遺跡・埋蔵文化財情報9　平成4年度』
清洲町教育委員会（一九九〇）『清洲城下町遺跡Ⅱ』
名古屋市教育委員会（一九八九）『名古屋城三の丸跡――一・二・三次調査の概要』
愛知県埋蔵文化財センター（一九九三）『名古屋城三の丸遺跡Ⅳ』
東京都千代田区紀尾井町6－18遺跡調査会（一九九四）『尾張藩麹町邸跡』
東京都埋蔵文化財センター（一九九九）『尾張藩上屋敷跡遺跡Ⅳ』
東京都埋蔵文化財センター（二〇〇二）『尾張藩上屋敷跡Ⅹ（第1分冊）』
名古屋市教育委員会（二〇〇二）「尾張藩御廟所遺跡（第2次）」『埋蔵文化財調査報告書　第四三集』
愛知県埋蔵文化財センター（二〇〇二）『郷上遺跡調査報告第九八集』愛知県教育サービスセンター／愛知県埋蔵文化財センター

本書を作るための著者の論文

北野信彦（一九九三）「日常生活什器としての近世漆器椀の生産と消費」『食生活と民具』八一－一〇一頁、日本民具学会編　雄山閣
北野信彦（二〇〇〇）「生産技術面からみた近世出土漆器の生産・流通・消費」『日本考古学』第9号、七一－九六頁、日本考古学協会編、吉川弘文館
北野信彦（一九九〇）「近世尾張における生活什器としての出土漆器資料」『愛知大学綜合郷土研究所紀要　第三五輯』八二－九四頁
北野信彦（一九九三）「近世武家社会における生活什器としての漆器資料」『愛知大学綜合郷土研究所紀要　第三八輯』一一五－一三四頁
北野信彦（一九九三）「加飾漆器の製作技法」『名古屋城三の丸遺跡Ⅳ』二五九－二六七頁、愛知県埋蔵文化財センター
北野信彦（一九九四）「出土漆器資料の製作技法」『尾張藩麹町邸跡』二〇九－二一六頁、東京都千代田区紀尾井町6－18遺跡調査会
北野信彦（一九九五）「清洲城下町遺跡出土漆器資料の製作技法」『清洲城下町遺跡Ｖ』一二四－一三九頁、愛知県埋蔵文化財センター
北野信彦（一九九九）「出土漆器資料の材質と製作技法」『尾張藩上屋敷跡遺跡Ⅳ』五五三－五六四頁、東京都埋蔵文化財センター
北野信彦（二〇〇二）「尾張藩上屋敷跡出土漆器資料の材質と製作技法」『尾張藩上屋敷跡Ｘ（第1分册）』五七八－五九三頁、東京都埋蔵文化財センター
北野信彦（二〇〇三）「郷上遺跡出土漆器資料の材質と製作技法」『郷上遺跡』三一七－三二六頁、愛知県埋蔵文化財センター
北野信彦（二〇〇三）「清洲城下町遺跡出土漆器資料の材質と製作技法」『清洲城下町遺跡Ⅷ』三二三－三四二頁、愛知県埋蔵文化財センター

あとがき

本書を作成するにあたり、これまで数多くの貴重な近世出土漆器の調査を行う機会を与えてくださった愛知県埋蔵文化財センター、名古屋市見晴台考古資料館、東京都埋蔵文化財センター、東京都港区立港郷土資料館、東京都千代田区四番町歴史民俗資料館、その他、北海道から沖縄に至る全国の近世考古学の発掘現場に携わる担当者の皆さんには心からの謝意を表します（個人名はあまりにも多すぎるので省かせていただきます）。また、綜合郷土研究所所長の有薗正一郎先生と神奈川大学の佐野賢治先生には、筆者がまだ右も左もわからない学生時代から研究するという世界の面白さを教えてくださり、今日に至るまで相変わらず温かいご指導を受けることができました。そして、あるむ編集部の川角信夫氏の極めて適切なアドバイスのおかげもあり、なんとか本書を纏めることができました。なお、名古屋市博物館や東京都港区立港郷土資料館には本書の表紙を飾るに相応しい『名古屋城築城図屏風』や、近世考古学の発掘現場に関する写真の掲載許可をいただきました。併せて心から感謝いたします。

【著者紹介】

北野　信彦（きたの　のぶひこ）

1959年　愛知県名古屋市生まれ
1982年　愛知大学文学部史学科卒業
2001年　京都工芸繊維大学で博士（学術）
2004年　東京都立大学で博士（史学）を取得
財団法人元興寺文化財研究所保存科学センター主任研究員を経て、現在、くらしき作陽大学助教授および京都市埋蔵文化財研究所客員指導研究員、愛知大学綜合郷土研究所非常勤所員など。
主な著作＝共著『信仰と民具』『食生活と民具』（雄山閣）、分担執筆『文化財科学の事典』『環境考古学ハンドブック』（朝倉書店）、『日本民俗大辞典』『日本考古学協会年報2000年度版』（吉川弘文館）など。
現在の研究分野＝歴史考古学・文化財科学・文化財保存修復学など。近世漆器および赤色顔料や漆材料などの建造物塗装材料の研究に興味をもつ。その一方で、金閣鹿苑寺出土修羅などの出土木製品やイースター島モアイ石像などの石像文化財の保存・修復作業の現場にも立つ。

愛知大学綜合郷土研究所ブックレット ⑩
漆器の考古学　出土漆器からみた近世という社会
2005年3月31日　第1刷発行
著者＝北野　信彦©
編集＝愛知大学綜合郷土研究所
〒441-8522 豊橋市町畑町1-1　Tel. 0532-47-4160
発行＝株式会社 あるむ
〒460-0012 名古屋市中区千代田3-1-12　第三記念橋ビル
Tel. 052-332-0861　Fax. 052-332-0862
http://www.arm-p.co.jp　E-mail: arm@a.email.ne.jp
印刷＝東邦印刷工業所

ISBN4-901095-56-0　C0321

刊行のことば

愛知大学は、戦前上海に設立された東亜同文書院大学などをベースにして、一九四六年に「国際人の養成」と「地域文化への貢献」を建学精神にかかげて開学した。その建学精神の一方の趣旨を実践するため、一九五一年に綜合郷土研究所が設立されたのである。

以来、当研究所では歴史・地理・社会・民俗・文学・自然科学などの各分野からこの地域を研究し、同時に東海地方の資史料を収集してきた。その成果は、紀要や研究叢書として発表し、あわせて資料叢書を発行したり講演会やシンポジウムなどを開催して地域文化の発展に寄与する努力をしてきた。今回、こうした事業に加え、所員の従来の研究成果をできる限りやさしい表現で解説するブックレットを発行することにした。

二十一世紀を迎えた現在、各種のマスメディアが急速に発達しつつある。しかし活字を主体とした出版物こそが、ものの本質を熟考し、またそれを社会へ訴える最適な手段であると信じている。当研究所から生まれる一冊一冊のブックレットが、読者の知的冒険心をかきたてる糧になれば幸いである。

愛知大学綜合郷土研究所